QUE TU HISTORIA SEA TU VICTORIA

Encuentra la felicidad en medio de la adversidad

Dalia Ramírez

QUE TU HISTORIA SEA TU VICTORIA

Encuentra la felicidad en medio de la adversidad

Historias reales desde el lente de una reportera

Corazones rotos ...Personas resilientes

Dalia P. Ramírez

Que Tu Historia Sea Tu Victoria
© 2023 by Dalia Ramírez

Todos los derechos reservados. Ninguna parte de esta publicación puede ser reproducida, distribuida o transmitida en cualquier forma o por cualquier medio, incluyendo fotocopias, grabaciones u otros métodos electrónicos o mecánicos, sin el permiso previo por escrito de la autora, excepto en el caso de citas breves incorporadas en revisiones críticas y ciertos otros usos no comerciales permitidos por la Ley de derechos de autor.

Diseño Editorial:
      Fotografía de portada por Adalberto López

Esta edición ha sido publicada por
Editorial Revive
New York, Estados Unidos de Norteamérica
www.editorialrevive.com

Impreso en los Estados Unidos de Norteamérica

Primera Edición: Noviembre de 2023

Editorial Revive es una división de Revive Group LLC

Contenido

Prólogo 9
Prefacio 11
Introducción 15
Dedicatoria 19

Capítulo I
Transformado los miedos en oportunidades 23

Capítulo II
La prueba, la mejor enseñanza 67

Capítulo III
Agradece, da y se te multiplicará 91

Capítulo IV
De enemigo a mi mejor aliado, Covid-19 127

Capítulo V
Provoca que lo Invisible se haga Visible 153

Capítulo VI
El equipaje de tu viaje 175

Sobre la autora 193

PRÓLOGO

En un mundo lleno de desafíos y adversidades, todos soñamos con encontrar inspiración, con descubrir a alguien cuya historia de superación personal nos guíe hacia la luz en medio de la oscuridad. En estas páginas, te invito a conocer a una mujer extraordinaria, una verdadera guerrera cuyo espíritu resiliente ha desafiado las tormentas más temibles de la vida. Su historia es un faro de esperanza para todos aquellos que han luchado contra las olas implacables de la adversidad y nos da las respuestas para enfrentar las dificultades.

Ella es una reportera de noticias, una mujer cuya voz se alza por aquellos que a menudo permanecen en silencio. Su rostro es familiar para miles de personas a través de las ondas de la televisión, pero su verdadera esencia va mucho más allá de los titulares y las pantallas.

Hoy en día, su influencia en los medios de comunicación es innegable, pero lo que la hace realmente excepcional es su compromiso con la comunidad y su amor inquebrantable por la familia. Su voz resuena no solo con las noticias, sino con el llamado a la unidad, al respeto y al amor entre nosotros. Ha convertido su éxito en una plataforma para ayudar a aquellos que más lo necesitan, demostrando que el poder de la empatía puede cambiar el mundo.

Esta mujer no solo es una reportera destacada, sino también una conferencista apasionada, capaz de inspirar a multitudes con su historia personal de transformación. Ha superado los obstáculos más insuperables y ha emergido como una fuente de inspiración para innumerables hispanos y personas de todo el mundo. Su testimonio es una herramienta poderosa, un faro que ilumina el camino para todos aquellos que han enfrentado momentos oscuros y desafiantes.

En las siguientes páginas, develaremos momentos de lucha, los triunfos y las derrotas, y los secretos detrás de la fortaleza inquebrantable a través de algunas historias vividas desde su caminar por los medios de comunicación, donde se ha vencido la adversidad y nos muestra cómo una persona puede marcar una diferencia inmensa en el mundo.

Te invito a embarcarte en un viaje lleno de emoción, inspiración y, sobre todo, esperanza. Estos relatos te recordarán que no importa de dónde vengas ni cuántas tormentas debas enfrentar; siempre hay un camino hacia la superación personal. Bienvenidos a un libro que te llenará de gratitud por la fortaleza del espíritu humano y te dejará un sabor delicioso por descubrir los secretos de estos personajes guerreros que han ganado sus propias batallas.

Francisco Yáñez

PREFACIO

Y aquí estoy, aplaudiendo desde el palco de mi admiración, la concepción de tu libro, eco de voces que escuchará todo aquel que abra sus páginas. Dalia Ramírez, guerrera incansable, he sido testigo de las luces y sombras que has planteado en esta obra y, por tanto, conozco los motivos que te han conducido a redactar este texto. Su contenido es un espejo que refleja la realidad que ha percibido tu lente de periodista. He estado a tu lado, quizá menos de lo que hubiera querido, pero he estado ahí, donde se palpa de primera mano los sabores y sinsabores de la vida, turbulencias que te han permitido conocer las vivencias que hoy escribes, historias de valientes personajes que, de alguna manera, te han hecho ya parte importante de sus mundos.

En este libro, fruto innegable de tu persistencia, el lector identificará las fobias que los protagonistas sufrieron en alguna etapa del camino, sí, pero también advertirá las filias que les sirvieron de contrapeso para enfrentar y superar los problemas. Las fobias y filias que compartes se trazan, no a manera de recetario, tantos son los ingredientes que se cuecen en el día a día (credos, razas, idiomas, culturas, afectos, expectativas, ilusiones, decepciones y demás elementos materiales y espirituales), como para sugerir un proceso único de enfrentar los miedos. Más bien, se abordan a modo de fomentar la certidumbre y plantear que la luz al final del camino es tan real como el sol que sale después de cada aurora. En tu libro, bien sé, el lector descubrirá la razón por la que salvas el lado luminoso que en su momento llevaron por dentro cada personaje que describes para encontrar su rumbo y no perderse, pues la fe, como en el fresco pintado por Miguel Ángel en la Capilla Sixtina, nos mantiene en contacto con nuestras creencias superiores, tocando, con la punta del dedo índice, la fuerza etérea que nos da vigor permanente.

Patricia, personaje central del libro, hace apología de sus problemas, sí, pero también lo hace de su fe, y esa dualidad que suscita una superación personal la convierte de pronto en arco y flecha, en grillete y salvamento, en penumbra y luz, en problema y solución. Patricia es, de algún modo, Abel, que, sacando fortaleza de su flaqueza, se sobrepone a su suerte.

Es Esther, que, sabiéndose extraviada, se reencuentra consigo misma reinventándose con la mejor de las sonrisas.

Es Eduardo, que, recogiendo partes sueltas de sus despojos, vuelve a armarlos en una sola pieza hasta darles forma de nuevo.

Es, en cierta forma, Raúl que, aun perdiendo la última batalla, sigue de pie en la mente y corazón de todos, dando ejemplo de coraje y valentía para seguir caminando con la frente erguida en otras dimensiones.

Todos son uno solo frente al espejo de las cotidianas vicisitudes. Sí, pero también podrías ser tú, o yo, enfrentados consigo mismo, podría ser el tendero y el comerciante, sacando provecho de sus debilidades, el leñador y el sastre, cortando con insistencia trozos de tristezas y alegrías, o el doctor y el cura, sanando las heridas. Sí, cada cual lleva en su corazón la semilla que puede germinar en un grito de libertad, de coraje, de pundonor y valentía, y en la suma total de los esfuerzos, convertirse en una apuesta a la esperanza, en un esbozo de todos los anhelos... en una radiografía del alma.

Y sigo aquí, Dalia Ramírez, hermana mía, ansiando conviertas, como en grata metamorfosis, tus expectativas en bellas realidades.

Salvador Ramírez Bravo

Que tu historia sea tu victoria

INTRODUCCIÓN

¿Alguna vez te has preguntado si lo que has vivido ha valido la pena? ¿Te has encontrado en momentos en los que las respuestas a lo que te sucede no existen? ¿Te has detenido en la mitad del camino buscando la dirección para continuar? ¿Te has sacudido las rodillas cuando caíste y no encontrabas quien te diera la mano para levantarte? ¿Te has sentido falto de amor? ¿Te has visto traicionado y no encontraste eco de tu verdad? ¿Te ha pasado que el cansancio te dejó sin aliento y hasta tu fe se escondió bajo tu almohada? ¿Tal vez tus esfuerzos se vieron pisoteados? ¿Y qué de tus sueños, los dejaste escondidos en un cofre del después?

Pues hay buenas noticias, si has respondido que sí a alguna de estas preguntas, te diré que en estas líneas encontrarás la brújula que te hará recapitular tu historia para convertirla en tu victoria.

El vernos a través del espejo de alguien más siempre nos ayuda a ubicarnos en el tiempo y el espacio. Durante años, he podido escribir múltiples historias que han desencadenado hechos con dimensiones diferentes. Cada una de ellas ha tenido un inicio, un desarrollo y una culminación, como toda nota periodística. Nada está más distante que nuestras historias, en donde el protagonista somos nosotros y de nuestra participación dependerá irremediablemente nuestro futuro.

"Nuestra felicidad se genera a partir de una decisión diaria."

La mayoría de los seres humanos buscamos una poción mágica, una lámpara de Aladino o un hechizo, algo que nos permita obtener las respuestas y los deseos más preciados sin el menor de los esfuerzos. La vida no es insípida ni se vive en una línea recta; está llena de altibajos, con sabores amargos y dulces, que nos llevan en un sube y baja de emociones, de hechos realizados y de algunos más por alcanzar. Se va la vida deseando encontrar la felicidad en los demás o en un mundo exterior, o tal vez en una caja de regalo.

Cada día que pasa es una nueva oportunidad. Somos tan insignificantes comparados con el Universo. El agradecimiento, el amor y la generosidad son abundantemente gratificantes. De ahí la importancia de lo que escribas en cada nueva página que agregues en el libro de tu vida. Es un maratón permanente en donde lo único que no se vale es regresar o detenerse, porque de esto dependen nuestros resultados.

Con todo esto en mente, yo me detuve para saborear lo que estaba ocurriendo a mi alrededor, encontrando una fuente inagotable de sucesos, historias de vida que vi caer en pedazos, y cada pedazo fue levantado uno a uno y soldado con el esfuerzo, el amor y la perseverancia. Fui testigo de derrotas que se convirtieron en triunfos, miedos que se transformaron en valentía, esculpiendo seres humanos extraordinarios que nunca pierden, porque incluso lo que han perdido resultó ser su mejor ganancia.

En cada uno de los relatos que comenzarás a leer, encontrarás contextos diferentes, pero en el desarrollo podrás ver los ingredientes de los que se componen. También podrás detenerte y analizar tu entorno, y muy posiblemente encontrarte en alguno de ellos.

La decisión de poner este libro en tus manos no ha sido solamente mía. Es la unión de voluntades, porque cada uno de los personajes que pusieron en mis manos su corazón y me confiaron sus secretos desean que tú los utilices para que juntos emprendamos el camino ascendente.

Conozcamos ahora a Patricia Rodríguez, Eduardo Castellanos, Abel y Martha Ayala, Raúl Flores y Esther Cordero. Comencemos entonces esta aventura de la mano.

"Deja de tener miedo por lo que pueda salir mal, lo peor que puede pasar es que salga mal. Alégrate por lo que pueda salir bien. Que nada te haga retroceder. Decídete a ser feliz a partir de hoy."

Que tu historia sea tu victoria

DEDICATORIA

Este libro se lo dedico a Dios, porque su amor me levantó cuando creí que las fuerzas se me agotaban, por darme de su amor infinito y recordarme que su bendición es para compartirla.

A mis hijos, Daisy y Arturo Quintero, porque es a través de ellos que conocí el amor sin límites, por ser siempre el combustible de mi vida, por amarme tal cual soy, e impulsarme a llevar mis experiencias hasta la creación de este libro y ponerlo en las manos de quienes necesitan una esperanza y una solución de vida.

A mis padres, por darme siempre lo mejor de ellos, y sé que desde el cielo leerán las páginas de este libro, en las que ellos se encuentran inmersos.

A mis nietos, Dante y Monserrat Torres, que han llenado mi corazón de amor y me han comprometido a dejar un legado del que se sientan satisfechos.

A mis Hermanos, por escucharme, apoyarme y siempre creer en mí. Los amo por siempre.

A todos los seres extraordinarios que me dieron su confianza para escribir sus historias de vida, infinitamente agradecida.

A Luis Rivera, mi compañero de siempre, porque en la ausencia y en la presencia ha confiado en mí y en este proyecto. Su persistencia tuvo frutos.

A Andrés y Blanca Cárdenas, personas dotadas de un bello corazón y siempre dispuestos a ponerlo al servicio de quienes buscan una mejor versión de sí mismos. Gracias por creer en mí y hacer este sueño tangible.

A mis amigos, Silver Mora y Francisco Yáñez, por compartir las llaves de este maravilloso mundo del "sí se puede" y llevarlo a quienes aún están buscando el llavero.

Y a aquellos que llegaron a considerarse mis enemigos... Estoy infinitamente agradecida por sus contribuciones en mi vida, ya que juntos enfrentamos momentos difíciles y, en medio de la pesadumbre de sus fortuitos agravios, me hicieron rescatar lo mejor de mí.

Dalia Ramírez

Capítulo I: Transformando los miedos en oportunidades

Capítulo I

TRANSFORMADO LOS MIEDOS EN OPORTUNIDADES

> *Si no puedes volar, entonces corre; si no puedes correr, entonces camina; si no puedes caminar, entonces arrástrate, pero no importa lo que hagas, sigue moviéndote hacia adelante.*
>
> **Martin Luther King Jr.**

Y de pronto, así se encontró una mujer que, en medio de la zozobra y de una vida matrimonial resquebrajada y violentada por quien dijo amarla hasta la muerte, salió de su hogar en donde se le había arrebatado la dignidad. Tomó a sus dos hijos y, temiendo por sus vidas, llenó su bolso de valor, dejando el corazón en cada rincón de ese lugar, testigo mudo de su desespero. Sin voltear y con la mirada hacia el futuro, prometió que nunca más pasarían una noche sin dormir por el miedo de no despertar... Así conocí a Patricia Rodríguez, cuando cubrí su historia, que es muy parecida a la de millones de mujeres que han apostado todo por el amor y, rompiendo el silencio, recuperaron su libertad y seguridad.

Era mayo de 1999, Patricia Rodríguez sentía que su corazón latía fuertemente, el sudor empapaba su mirada, su respiración apenas le alcanzaba. Tenía solo minutos para cambiar el rumbo de sus vidas.

Hizo una llamada telefónica a su madre, María Salinas, y a su hermana, Sandra. Les pidió, como siempre, que fueran sus cómplices en lo que sabía sería la gota que derramaría el vaso. "Iré por ti", señaló Patricia a su madre, "y ayúdame a reunir todos mis documentos, hermana".

Después de la llamada, mirando los ojos sorprendidos de sus dos hijos, Claudia de entonces siete años y Daniel de apenas dos añitos, se inclinó hacia ellos y les dijo: "Ustedes son mi vida, son los que me han enseñado el amor más puro que existe". Tomó las pequeñas manos de ambos y las pasó por su rostro, diciéndoles: "Siempre se sentirán orgullosos de mí. Desde hoy y para siempre seremos un triángulo sagrado".

La mirada de Patricia se enjugaba y apenas podía articular palabra. La voz comenzó a entrecortarse, un temblor le recorría el cuerpo. Eran ya casi las dos de la tarde, el tiempo se agotaba para salir de casa y buscar esa oportunidad, dejando a un lado el miedo y evitando que se lo impidieran.

Subió a los pequeños al vehículo, quienes solo la veían por el espejo retrovisor y escuchaban cómo su madre repetía una y otra vez: "Todo está bien, todo está bien", mientras con una mano en el volante y con la otra entrelazando sus dedos en su cabello repetía: "Nos quedan solo unas horas para llegar", mientras sus hijos le sonreían.

Los minutos eran clave para llegar a esa cita que esperaba a Patricia. El tiempo se agotaba. Al fin, llegaron a casa de la abuela María, bajaron apresuradamente. María y Sandra tenían todos los documentos listos. "Vámonos, hija", apuntó la madre de Patricia, y con tono firme y cariñoso, la tomó de las manos y le dijo: "Yo te ayudaré, vamos que llegarás tarde, hermana, siempre estaré contigo", sollozó su Sandra.

Patricia no pasaba de los treinta años. Solía ser una persona muy alegre y optimista, siempre emprendedora, amigable y muy valiente, aunque en esa ocasión no lo parecía.

De pequeña, solía decir a su madre que era, digamos, diferente a sus hermanos. Muy extrovertida, inteligente y con un gusto artístico muy peculiar.

En sus primeros años de vida, había destacado en cualquier cosa que se proponía. Sus padres le habían enseñado los principios básicos, el amor a la familia, el compromiso y la responsabilidad como elementos que debía llevar siempre bajo el brazo.

Reconociendo que su palabra no se empeñaba, le enseñaron que la vida es un manojo de momentos tan gratos como los quisiera tener y los debía conservar intactos y desechar siempre lo que no servía.

De entre sus recuerdos más preciados, comentaba siempre que era el disfrutar de la vida en familia, el olor a leña, la música y las voces que cantaban con ese sentimiento que desgarraba el alma y la transportaban hacia ese lugar seguro donde creció.

Patricia hablaba siempre de lo admirable que eran sus padres, siempre dispuestos, siempre protectores, siempre firmes, con consejos a veces duros, pero que corregía.

Su padre, José Rodríguez, hombre cabal de recia figura pero noble corazón, había vivido una vida nada fácil. Originario de Zamora, Michoacán, México, desde los ocho años había comenzado su vida productiva. Sus pequeñas manos y sus pies descalzos entre los surcos del campo y el fresco de la tierra mojada habían comenzado, a temprana edad, su historia.

Con férrea voluntad, se prometió ayudar a su familia. El duro trabajo había marcado sus recuerdos y había dejado en su corazón algunas grietas que solía abrir cada vez que cantaba. Su inteligencia era tal que nunca dejaba de aprender, su deseo continuo de involucrarse en la educación y la ayuda a su comunidad le caracterizaban. Sus pláticas eran extremadamente interesantes y divertidas, sus consejos siempre acertados y objetivos, y sus correcciones dolían hasta los tuétanos, decía Patricia.

María Salinas, compañera fiel de su padre, era una mujer llena de cualidades, una mujer virtuosa, con un corazón siempre dispuesto a cobijar al desprotegido.

Su voz era clara, llena de amor. Nunca se le oyó quejarse, decía Patricia. Siempre estaba pendiente de cada uno de ellos y con un solo abrazo remediaba el dolor más intenso que podían tener. Su sonrisa lo iluminaba todo, sus carcajadas eran tan contagiosas que no podías pasarlas por alto y su fe inamovible.

María, sin embargo, era poseedora de un carácter firme. Sus órdenes debían cumplirse a cabalidad y siempre tenían una gran enseñanza.

Patricia era una mujer preparada; recién había terminado su educación universitaria. Su vida estuvo llena de amor, de respeto, de apoyo, de protección y de consejos que siempre pretendían el bien común y la unidad familiar.

El caso de Patricia lo viví muy cerca, paso a paso, diría yo, cuando conversé con ella y pude verla con el corazón desgarrado. Entendí que necesitaba ser escuchada, amada y protegida, convencida de que merecía, como cualquier persona que se ve sumida en el pozo del miedo, de la necesidad y de la desesperanza cuando les han arrebatado el respeto y con silencio ensordecedor te gritan: "¡Ayúdame!". Tomé su caso y lo escribí, llevándola de la mano para que saliera de ese momento de agobio.

Patricia era la cuarta de cinco hermanos, tres mayores que ella, dos hombres y dos mujeres, que describe como hermosos seres humanos, dignos de respeto y admiración, cada uno con cualidades diferentes. Habían sido criados dentro del amor y el respeto mutuo, los momentos que solían pasar juntos estaban colmados de pláticas interminables, sonrisas y música.

María, la hermana mayor de Patricia, era una mujer con un corazón lleno de amor, dedicada a la docencia. Gran parte de su vida se avocó a formar jóvenes estudiantes a quienes no solo les regalaba sus conocimientos sino también los principios básicos, con la férrea intención de crear ciudadanos productivos y responsables. Su familia fue siempre su motor de vida, cobijándolos siempre con ese amor que le brotaba por cada poro de su piel. Así, de esa forma, siempre pendiente de cada uno de sus hermanos, así era María. Su hermano Salvador, también dedicado a la educación, sembró durante toda su vida en tierra fértil. Sus alumnos lo admiraban, su labor era impecable, con una vocación que lo inundaba. Un sentido del humor muy singular, hombre como pocos, lleno de amor y dedicación para con los suyos, dejando en cada persona que lo conocía un agradable sabor de boca. Romántico, creativo, inteligente y siempre dispuesto a ayudar. Su hermano José, dedicado a los negocios, un hombre por demás generoso, visionario, con un corazón lleno de amor y un carácter siempre positivo y alegre. Su compañía siempre era agradable. Su hermana Sandra, la menor, psicóloga, inteligente, bondadosa, sensible y noble, para quien su familia se convertiría en su mejor inversión. Este era el cuadro de dónde venía Patricia. Pese a todas estas características, en cada familia se viven innumerables situaciones que marcan la vida de todos o algunos de sus miembros.

La vida de Patricia en ese momento no era fácil, se mantenía en constante desasosiego. Mientras ella manejaba, los recuerdos se le agolpaban en su mente, las manos sudorosas apretaban el volante como si eso le provocara seguridad. Sin embargo, nuevamente el miedo comenzaba a asomarse, queriendo robarle el control, mientras que el silencio callaba sus labios.

Sus ojos veían cómo velozmente pasaban los autos, como si no estuviera en esa realidad. Mientras tanto, repasaba una a una las escenas que intentaba borrar de su memoria, esas que le provocaban un vuelco en el corazón y la llevaron a tomar la decisión final.

Y es que no habían pasado 24 horas después de aquel enfrentamiento que le había arrebatado la respiración y que juró nunca volver a repetir.

Su amado esposo, su amor de juventud, con quien había prometido estar unida hasta el final de sus días, le había arrebatado el último peldaño de amor al que se aferraba. Ambos vivieron por algunos años aferrados uno al otro, el amor les invadía. Con el paso del tiempo, todo cambió, los recuerdos lo torturaban, castigándolo irremediablemente.

"Los hombres no se hacen a partir de las VICTORIAS FÁCILES, sino en base a las GRANDES DERROTAS."

Ernesty Henry Shackleton

Patricia había permanecido amenazada durante toda la noche, con el brillo del filo de un cuchillo en su cuello. La habían obligado a permanecer despierta toda la noche. Los ojos rojizos de Carlos no los podía olvidar, mientras con voz sarcástica le repetía: "Yo vigilaré tu sueño, duerme, pero no sé si despertarás."

Carlos, durante su matrimonio, había tenido altibajos emocionales que no permitían que ningún profesional le ayudara. Su resistencia a hurgar en su memoria lo hacía agresivo y evasivo, y se veía desposeído de sus mejores vivencias, incluso de él mismo.

Con un pasado difícil de olvidar, decía que sus fantasmas lo asaltaban sin poder evitarlo, volviéndolo inseguro, celoso e irritable, sin darse cuenta de que esto lo estaba alejando de lo que creía que era lo único que amaba: su familia.

*"**EL AMOR** es paciente, es bondadoso. El amor no es envidioso ni jactancioso ni orgulloso. No se comporta con rudeza, no es egoísta, no se enoja fácilmente, no guarda rencor. El amor no se deleita en la maldad sino que se regocija con la verdad. Todo lo disculpa, todo lo cree, todo lo espera, todo lo soporta. El **AMOR JAMÁS SE EXTINGUE**..."*

1 Corintios 13:4-8

En los primeros años de matrimonio, Carlos luchaba mucho con los recuerdos de su niñez. No podía entender la separación familiar que experimentó. Argumentaba a menudo: "Si no tuve una familia unida y me pidieron alejarme de ellos, esta vez no dejaré ir lo que tengo."

La necesidad de beber alcohol para Carlos era cada vez más frecuente, avivando las heridas de la niñez llena de sinsabores con un dejo de violencia.

Su mente se confundía, sus arranques violentos y mezquinos contra Patricia eran como dardos que impactaban en la memoria de sus hijos, a quienes su madre dormía junto a ella tan pronto como el sol se ocultaba, abrazada a ellos intentaba permanecer alerta para evitar que el peligro los sorprendiera.

Cuando la violencia en cualquiera de sus formas entra por la puerta de un hogar, nada es igual. Los días se vuelven grises, la inquietud se respira y el dolor se instala en el corazón.

Estos casos son tan comunes que incluso se quieren disfrazar de normalidad. Su frecuencia es tal que se justifica de múltiples formas. Según información de la Línea Nacional de Violencia Doméstica en Estados Unidos, entre agosto de 2020 y marzo de 2022, cada minuto veinticuatro mujeres sufren violencia física, y al menos doce millones de mujeres son agredidas al año.

Por esta razón, la vida de Patricia no era diferente a la de muchas personas. Los días pasaban lentos, y los argumentos infundados y las amenazas, cada vez más constantes, escalaban. La relación se deterioraba, y la violencia financiera también comenzaba a dejar los estantes vacíos. Esto provocó que Patricia buscara salir de la situación, que ya era insostenible.

A los desplantes de Carlos contra Patricia se unían las ofensas, la manipulación psicológica y ahora la amenaza de arrebatar su vida si en algún momento lo dejaba.

El juego de palabras iba aún más allá: la vida de sus hijos y la de ella también estaba en juego, ya que Carlos prometía no irse solo, sino llevarlos consigo.

La vida de Patricia se convertía en una bomba de tiempo, el reloj no dejaba de recorrer las manecillas, y el tiempo era corto. Noche a noche, rogaba a Dios encontrar una oportunidad que les permitiera escapar vivos de esa relación.

Como periodista, he visto casos en los que las víctimas de violencia doméstica han muerto esperando el momento para deshacerse de su agresor. Han pedido ayuda y no ha llegado, han compartido su problema y no las han escuchado, o lo que es peor, no les han dado la importancia a ese grito de auxilio, a esa actitud de sumisión o a ese silencio temeroso.

Tristemente, he visto y abrazado a pequeños que son extraídos de hechos violentos sin saber hacia dónde correr. He visto la ausencia de confianza en los ojos de mujeres, menores y jóvenes que han sido violados sexualmente y que temen por sus vidas, pues sus agresores son de su propia familia o de un empleador. He visto cómo niños se han quedado mudos por largos periodos de tiempo al ver actos de violencia contra sus padres. A cada uno de ellos he escuchado como si el mundo no existiera, he detenido el tiempo para escuchar lo que no dicen, con toda mi atención, porque quizás este pueda ser su último día. Todos merecen respeto y vivir con dignidad. En algunos casos, les he podido ayudar; en otros, ya no pude hacerlo.

Patricia era una de estas historias que persigues. Vas de la mano junto a ella porque sabes que su mayor tesoro está en el corazón, y aprendes a querer muy fácilmente.

Las alas de Patricia estaban a punto de extenderse. De pronto, se vio frente a un edificio que, para sus ojos, resultaba majestuoso y que representaba la oportunidad no de su vida, sino de vida.

Ya a punto de bajarse del vehículo, voltea a ver a sus hijos, quienes, luego de una larga travesía, solo podían decir: "Tenemos hambre". A lo que Patricia contestó: "Esperen un poco, por favor, no me tardaré". Su cartera solo traía la ilusión de estar llena algún día. Su amado Carlos le había despojado de lo poco que tenían, y sus cuentas estaban vacías.

María, su madre, le dijo: "¿Cómo llegarás hasta el director de este lugar, hija? Solo puedo decirte que Dios te abrirá la puerta hacia lo que tiene para ustedes."

Con apenas un susurro, Patricia le dijo a su madre: "No dejes nunca de confiar en mí". Y mientras ella intentaba hablar, María contestó: "No dudes nunca que lo puedes lograr."

"La esperanza en sí misma es como una estrella. No se ve en el sol de la prosperidad, y solo puede ser descubierta en la NOCHE DE LA ADVERSIDAD".

Charles Haddon Spurgeon

Patricia puso su mirada en el cielo y pidió bendición, y mientras lo hacía, un hombre de unos cuarenta años bajó de su auto y, con tono amable, le preguntó: "¿A quién busca, señorita?"

Patricia contestó: "Busco al director de este edificio. Traigo mis sueños muy claros y una gran necesidad de trabajar."

Las oraciones habían sido escuchadas, el hombre la llevó hasta el lugar preciso. "Buenas tardes," saludó el hombre a una mujer que, con un semblante de indiferencia, le contestó: "¿Qué necesitan?"

El hombre comentó: "Vengo con una amiga que desea verte en busca de trabajo." Patricia no podía dar crédito a lo que escuchaba.

Capítulo I: Transformando los miedos en oportunidades

"¿Así que quieres trabajar?" le dijo la mujer a Patricia. "Sí," contestó ella. "Solamente permítame entrar, y yo me encargaré de que no se arrepienta de haberme contratado." La directora del establecimiento preguntó nuevamente: "¿Y qué sabes hacer?"

Patricia, con la autoestima desgastada, las piernas tambaleantes, pero con las últimas palabras de sus hijos que no olvidó, "Tenemos hambre, mami ", mientras su frente se encontraba bañada en sudor, apresurada retomó el control y contestó: "Aquí le muestro mis documentos que avalan lo que sé".

"Te pondré a prueba", señaló la directora. Luego de casi dos horas, le dijo: "El trabajo es tuyo, Patricia. Inicias hoy mismo ".

Patricia salió con emociones encontradas. La felicidad de tener ese trabajo deseado era empañada por el saber que se enfrentaría al desdén y rechazo de Carlos. Al salir del lugar, corriendo hacia el vehículo, no pudo contener las lágrimas. Abrazó a su madre y le dijo: "El trabajo es mío, lo logramos".

Ahora agregó Patricia: "¿Cómo lo voy a enfrentar?" Un silencio se respiraba mientras los pequeños dormían después de la larga espera.

Mientras nuevamente el miedo intentaba arrebatarle a Patricia su seguridad, ella limpiaba sus lágrimas del rostro tratándose de dar el valor que le faltaba. La noche sería larga y difícil. El llegar a casa con un trabajo en puerta sería una discusión interminable.

El momento llegó, y con voz un tanto tímida, como si su logro fuera motivo de vergüenza, se atrevió a decir: "Hoy comienzo a trabajar". La familia en la mesa esperaba la comida que Patricia había hecho con esmero. La guerra de palabras hirientes convirtió el momento en una batalla desafiante. Con voz sarcástica se dirigió a su joven esposa y gritó: "¿Crees que conseguirás trabajo? ¡Solo mírate!, nadie te lo dará. Estás bromeando si crees que podrás hacerlo. Eres tonta, fea, insignificante y me necesitas a mí. Sin mí, no podrás nunca salir adelante".

Abruptamente, Carlos se levantó de la mesa, mientras Patricia servía la sopa caliente a su pequeño Daniel. La ira de Carlos provocó el estremecimiento de ese lugar donde se disponían a comer, derramándose los alimentos frente a ellos. El momento no podía pasarse por alto ante los ojos de los pequeños, quienes, solo confundidos, se quedaban quietos, observando la escandalosa y triste escena.

Él la tomó del brazo y comenzó a insultarla, tirando a sus pies una lata que entre sus manos sostenía, mientras que la pequeña Claudia corría hacia su madre y le decía al oído: "No te preocupes de él. Ve tú a trabajar que nosotros te esperaremos aquí con mi abuelita. Ya quiero que estés feliz con tu nuevo trabajo ".

La voz amorosa de la pequeña fue como combustible en el corazón de Patricia, quien la abrazó fuertemente y, con los ojos húmedos, salió del hogar. La opresión en el pecho no le dejaba respirar, pero segura estaba de que vendrían tiempos mejores.

Capítulo I: Transformando los miedos en oportunidades

La vida le tenía un largo camino por recorrer. No le fue fácil. Mil y una cosas por aprender, pero su disposición siempre estaba ahí, su necesidad y la pasión con la que realizaba sus asignaciones. Rápidamente fue vista, y los cambios comenzaron a generarse.

Los días eran interminables. El día se juntaba con la noche, y mientras Patricia crecía en su empleo, su matrimonio se agonizaba.

Cuando la necesidad toca tu puerta, no hay descanso posible. Trabajar seis días a la semana, con sus dos pequeños en casa y con turnos intermitentes, y durmiendo solo tres a cuatro horas diarias, los problemas comenzaban a aumentar. Los diálogos con su esposo eran cada vez más hirientes y agresivos.

"Cualquier momento del día o de la noche es bueno PARA DECIR BASTA y poner fin a una etapa de tu vida que hubieras deseado no vivir."

Raimunda de Peñafort

Eran ya casi las 2 a. m., Patricia se preparaba para irse de madrugada a trabajar. El olor a alcohol se percibía en el ambiente, mientras que el miedo comenzaba a provocar el temblor en su cuerpo. Las lágrimas se mezclaban con el agua que recorría su cuerpo mientras se duchaba... Los fuertes golpes en la puerta alteraban cada vez más su corazón.

Carlos gritaba desesperado: "¡Ábreme o abriré yo!". De pronto, el cerrojo caía al suelo mientras él entraba abruptamente, intimidando y rompiendo lo que a su paso encontraba. Patricia se abrazaba a sí misma en un afán de sentir protección y encubrir su miedo. Con las pocas palabras que podía pronunciar, le pidió que saliera mientras ella vestía su desnudez... Carlos la obligaba a salir hasta la parte frontal de su residencia.

Esta sería la última vez que Patricia pasaría por una escena así. Su cuerpo aún mostraba rastros del ultraje que él le había hecho cuando, sin darse cuenta, la había despertado unas noches antes, semi vestida.

Aturdida, caminó hacia la regadera mientras de entre sus piernas se deslizaba la confirmación de haber sido utilizada sexualmente. Los hematomas en su piel le mostraban que no estaba equivocada.

Patricia, mientras se encontraba frente a Carlos en esa noche, en donde el silencio era uno de los testigos para que el olvido no lograra su cometido, dejando a un lado esos recuerdos frescos que le denigraban su mente, se repetía una y otra vez: "Esto no volverá a pasar nunca más". Mientras el recorrido de su sangre tenía un calor diferente y la rapidez con la que fluía era inusual; la respiración comenzaba a faltarle.

Patricia narra que por primera vez lo miró sin miedo y lo enfrentó, con unas fuerzas que jamás creía que podía tener, lo tomó de los hombros y con sentimientos encontrados le pudo decir:

"Nunca más me volverás a agredir, nunca más permitiré que me insultes, nunca más permitiré que nos hagas daño", mientras el temblor de sus piernas no paraba y la desesperación se convertía en el valor que le había hecho falta por varios años.

Capítulo I: Transformando los miedos en oportunidades

Carlos no daba crédito a la actitud de Patricia y por minutos se quedó quieto, repitiendo: "¿Qué te está pasando? Tú no eres así".

Patricia entró a su hogar, tomó el teléfono y llamó a Juan Guzmán, compañero de trabajo y amigo entrañable, pidiendo auxilio mientras su respiración disminuía.

Minutos más tarde, el alcohol había vencido a Carlos, dejándolo dormido, mientras los pequeños hacían lo mismo plácidamente en su recámara, en tanto que llegaba la hora de irse a la escuela.

La puerta principal de la casa de Patricia se había quedado abierta después de la discusión que había marcado el futuro de este matrimonio unido por amor de juventud, colmado de sueños y proyectos de vida.

Las cortinas volaban tan rápido como el eco de lo que había ocurrido, impregnándose en las paredes. El pasillo de entrada esperaba la llegada del amigo de Patricia.

Los pasos apresurados comenzaron a escucharse; era Juan, con quien Patricia solía tener largas charlas en las que podían reír o llorar. Eran hermanos por elección.

Al ver a Patricia casi sin respiración, la llevó rápidamente a recibir atención médica. Habían pasado algunas horas cuando un sonido repetitivo de una máquina resonaba en la cabeza de Patricia. El monitor del ritmo cardíaco hacía eco en su sueño profundo. Patricia había ingresado a un hospital. Ella dice que escuchó una voz apacible que le susurraba:

"Tu vida no está en riesgo. Estás aquí porque necesitabas escuchar esto. Regresarás con tus hijos. Vivirás para ellos, para mí y para el servicio de quienes te lo pidan y se vean vulnerables como tú. Será a partir de hoy que entenderás el propósito de tu vida. Ayuda a quienes vivan momentos como este, a quienes en medio de una crisis no pueden ver mi amor. Diles que yo estoy ahí, justo en los momentos en los que todo parece oscuridad. Tus palabras y testimonio serán la pauta para su nuevo amanecer".

"Hermana, tienes que despertar. Aquí estamos contigo. Tienes que ser fuerte. Tus hijos están bien ", susurraba al oído Sandra, la hermana menor de Patricia.

Con lentitud, Patricia abría los ojos tratando de ubicar el lugar donde se encontraba. Mencionó que preguntó: "¿Por qué estoy aquí?"

"Señora Patricia", con tono amable señaló el doctor del cuarto de emergencias, "usted estará bien. Tuvo insuficiencia respiratoria y un desmayo que no pasó a mayores. Un compañero de trabajo la trajo hasta aquí, pero ya podrá ir a su hogar".

El trayecto de regreso a casa fue corto pero suficiente para que Patricia lograra entender lo sucedido.

Este fue el punto de quiebre que le abrió un campo de visión diferente.

La voz escuchada, el extravío de su conciencia, la falta de aliento y la certeza del médico al decir que todo estaría bien, le hacían eco en su cabeza. Había dejado la cobardía en ese cuarto blanco de hospital para vestirse de valentía y encarar un camino bien definido.

"SIN FE es imposible agradar a Dios; porque es necesario que el que a Dios se acerca, CREA QUE LE HAY, y que es galardonador de los que le buscan."

Hebreos 11:6

Patricia retomó las riendas de su fe, de sus ganas de salir adelante, de creer en sí misma. Entendió que todo lo que ocurría era producto de una mente enferma que, provocando el temor, encontraba una forma fácil de neutralizar su vuelo. Carlos se aferraba a su pasado, que solo le removía sentimientos de dolor que no estaba dispuesto a desechar.

La necesidad de sentirse envuelta en esa presencia que le había devuelto la serenidad, que le infundió ánimo, paz y esperanza, llenó su alma. La oración comenzó a ser parte imprescindible de su vida en su afán de tener esa conexión que le había iluminado su vida y le había dado una nueva oportunidad de vida con instrucciones contundentes.

Días posteriores, Patricia tomó el teléfono y, decidida, pidió a su familia que vinieran por ellos. Sabía que eso tendría consecuencias que podrían resultar fatales. Un café esperaba en una mesa hasta que Patricia recobrara las palabras. Los pasitos de la pequeña Claudia se acercaban hasta la mecedora donde ella se reposaba. Buscando cobijo entre sus brazos, puso sus lindos y grandes ojos en ella diciéndole: "Mami, ya no quiero que llores por ese dolor de cabeza que siempre te da. Mi Papi te pone así, ¿verdad? Ya no quiero verte así. Solo te pido que no le digas a mis compañeras de la escuela."

Las palabras de la pequeña Claudia removieron el interior despedazado de Patricia. "Los hijos son un tesoro que se debe atesorar, que se debe amar y proteger. Son vidas que debemos encaminar hacia un futuro exitoso. No merecen ser testigos ni prisioneros de los errores de quienes los concibieron. Ellos merecen vivir con respeto y dignidad, sin que se les sabotee su confianza. Los primeros años de los pequeños son los que fortalecerán su vida adulta. No son merecedores de una infancia infeliz."

La petición de su hija hizo reaccionar a Patricia. Levantó el teléfono y habló con su familia. "Vengan por nosotros, ya no podemos ni queremos seguir aquí."

Tras unas horas, tocaron a la puerta. Su hermano Jesús estaba allí dispuesto a enfrentar el momento. Prepararon sus cosas, dijo con tono suave a Patricia. Ella acarició con sus manos las cabecitas confundidas de sus pequeños, Claudia y Daniel, y les pidió: "Vayan a su recámara y tráiganse lo más importante..."

Los minutos eran tensos. Carlos se desplazaba por la casa furioso, con palabras amenazantes, mientras ellos esperaban a los niños. "Ya estamos listos", dijeron. Daniel solo traía un peluche en sus manos y Claudia sus libros de la escuela.

Fueron días difíciles para Patricia. El deseo de querer mantener una familia unida y sostener una relación desgastada y unilateral, en donde la forma de conciliar es la agresión, la estaban dejando sin aliento. No se puede poner en riesgo jamás la vida ni la dignidad de nadie. "El amor no es violento".

Capítulo I: Transformando los miedos en oportunidades

El correr de los días le dio a Patricia la tranquilidad, y los ascensos se comenzaron a dar en su empleo, regalando la libertad a Carlos.

Meses después de este episodio, me encontré con Patricia, a quien seguí paso a paso, infundiéndole ánimo y canalizándola a instituciones que la mantuvieron a salvo durante el proceso de separación que fue sin duda tormentoso.

Ella, satisfecha de su desempeño laboral, me abrazó y me dijo: "Bien lo dijiste, yo soy capaz de esto y mucho más. Estoy participando con varias organizaciones de ayuda comunitaria, y poco a poco voy dejando atrás los vestigios de lo que permitía me hicieran sentirme pequeña. Dejé de lado las palabras que laceraban el alma. Nadie dijo que amar hace daño. Estamos bien y seguimos siendo el triángulo sagrado", refiriéndose a ella y sus dos hijos.

Tiempo después, quizás dos o tres años después, volví a platicar con ella. Era una tarde de verano, el sol estaba a punto de ocultarse, el viento podía sentirse rozando nuestras mejillas, y sus ojos tenían un nuevo brillo. Sentadas en una banca de un parque cerca del hogar de Patricia, donde solíamos conversar, se podían escuchar las voces de los pequeños que corrían sin cesar. Me tomó de la mano y me dijo: "Mis hijos están creciendo rápidamente, y comienzo a enfrentar nuevos obstáculos, pero sé que podré enfrentarlos".

"Lo sé", le respondí, "y sabes, me siento muy orgullosa de ti".

Luego de varios minutos de conversación, pude ver en su rostro a una mujer centrada, amorosa, consciente de su futuro, pero aún temerosa de ello. Nos despedimos pactando una nueva cita.

*"Aquel que **TIENE UN PORQUÉ** para vivir se puede enfrentar a **TODOS LOS CÓMOS**... resiliencia."*

Friedrich Nietzsche

La adolescencia estaba a punto de entrar en la casa de Patricia, y con ello, las mariposas comenzaron a volar en la habitación de su hija Claudia, que tenía entonces catorce años.

Mientras tanto, su hijo Daniel lidiaba con su corazón noble y compasivo. Las visitas con su padre siempre les dejaban intranquilidad que no podían ocultar; sus cortos años los ponían al descubierto.

Los dos llevaban un corazón lleno de amor. Habían aprendido que la vida no era fácil, pero que todo es posible. Ambos estudiaban, sus calificaciones a veces eran buenas, a veces no tanto, pero siempre había un consejo o impulso para ayudarles. Ahora Patricia se enfrentaba a otros retos: ponerse el uniforme de consejera, investigadora, padre y madre.

Y decía que no era fácil. El cansancio era agotador, y la estaban rebasando. Y es que nadie nace sabiendo ser padre; la vida tiene muchas lecciones que los libros no nos muestran.

La vida estaba por darle una nueva prueba a Patricia. El amor tocó a su puerta, y después de casi 8 años, tan solo pensar en esa posibilidad le provocaba pena y miedo. Patricia renunciaba al amor, pues decía que le quitaría el tiempo que entonces invertía en sus pequeños.

Capítulo I: Transformando los miedos en oportunidades

Fue ese primer encuentro con Roberto el que le permitió darse esa nueva oportunidad. La transparencia del corazón de Patricia, lo apasionada que era en su vida, la importancia que daba siempre a las cosas familiares, su lealtad, responsabilidad y su forma de conducirse, enamoraron a Roberto, quien, luego de algunos meses, le pidió matrimonio.

Roberto era un hombre jovial, alegre, decidido, inteligente, valiente, servicial y con un sentido práctico muy marcado. Tenía una plática siempre interesante que podía mantener a todos involucrados en su conversación; era fácil apreciarlo.

Sin embargo, eran noches interminables en las que Patricia trataba de lidiar con las múltiples preguntas que invadían su cabeza. "¿Estaré haciendo lo correcto? ¿Será la decisión que estoy tomando la mejor?" Su situación no era diferente a la de algunas mujeres que han pasado por una separación.

Comenzaban nuevamente las largas conversaciones consigo misma y la oración se intensificó durante los días subsecuentes, refugiándose como siempre en su Dios. "Y de rodillas es como se ganan las mejores batallas", decía, buscando esa paz que solo así encontraba.

La decisión fue tomada. Luego de un tiempo, Patricia aceptó el compromiso de una vida en común junto a Roberto, y lo que creyó sería difícil de asimilar para sus hijos y su familia resultó ser una alegría compartida.

Llegado el día, pude ver en los ojos de Patricia a una mujer con heridas cerradas, pero aún sensibles, con un costal de recuerdos que dolían, pero que había aprendido a ir tirando uno a uno; sin embargo, aún quedaban algunos que se resistían. La boda estaba planeada para esa tarde.

Esta plácida tarde de diciembre, Patricia sonreía como hacía mucho no la veíamos. Ansiosa, esperaba el momento de esa unión, mientras que su familia preparaba el gran convivio. La hora llegó. Ella lucía radiante como el color de su vestido, y a Roberto se le podía ver feliz, finalmente tenía a su compañera de vida.

Esa noche, el cielo comenzó a iluminarse, y una fuerte tormenta amenazaba con llegar. La lluvia no cesaba, pero luego de un par de horas, el cielo se despejó. Los novios salieron a disfrutar de ese momento que quedaría en sus memorias para siempre, y nada les permitía dejar de lado su alegría.

"Estuve muy cerca de Patricia en todo momento. Era interesante ver cómo ella transformaba las adversidades en oportunidades. La conocí vulnerable, débil, amenazada y temerosa, y cada vez que nos reencontrábamos, podía ver una mayor resiliencia en ella; los obstáculos eran sus mejores maestros."

Era víspera de Navidad. Todo estaba listo para la celebración. Las luces pendían de un pino lleno de deseos envueltos en papel multicolor, y las calles estaban vestidas de luces refulgentes. Todos festejaban esa noche.

Eran casi las ocho de la noche cuando Patricia recibió una llamada que decía: "Mamá, ven por nosotros, ya nos queremos ir contigo."

Esas palabras cambiaron el semblante de Patricia, quien tomó las llaves de su auto y pidió a Roberto que la acompañara.

Capítulo I: Transformando los miedos en oportunidades

"Bastaron solo minutos para que ese momento detonara un cambio radical en la vida del triángulo sagrado."

La figura de Carlos volvió a causar mella en la vida de Patricia. En medio de la noche oscura de esa Navidad de 2009, llegó en su auto a la casa del padre de sus hijos y les pidió que subieran a su vehículo. Patricia pudo ver el miedo en los ojos de sus pequeños.

Carlos enfureció, y en su intento de no sobrepasar los límites de la ira frente a la nueva vida de Patricia, comenzó a atacarlos con lo único que le quedaba: palabras hirientes, golpeando con lo que conseguía el vehículo en el que se transportaban.

Claudia, la hija de Patricia, subió rápidamente al vehículo, mientras que el pequeño Daniel escapaba de la escena en los brazos de su tío Andrés, quien prometía ir tras Patricia para evitar que viera la lamentable escena. Mientras los vehículos avanzaban, Patricia no dejaba de ver el espejo retrovisor, observando los ojos enjugados de tristeza de su hija y asegurándose de que su pequeño Daniel estuviera seguro. Este momento le recordaba que el pasado aún estaba palpable y se resistía a dejarlos, por lo que debía renovar sus fuerzas.

Toda mujer es extraordinariamente fuerte, y su sentido de percepción es invaluable. Pude comprobarlo unos días después de este episodio, cuando sorprendí a Patricia en el mismo parque donde solíamos reunirnos para conversar. Corrí hacia ella y sin pensarlo, la abracé fuerte. Le dije: "Tómate unos minutos para descargar lo que opaca tu pensamiento". Sin embargo, esta vez la vi con el rostro desencajado, sus manos volvían a entrelazarse, sus pensamientos eran confusos y sus miedos volvieron a asomarse.

Esa Navidad había dejado huella en los pequeños. El escenario violento había afectado al pequeño Daniel, quien había tenido que ir al hospital después de un episodio de insuficiencia respiratoria. El diagnóstico posterior fue "ataques de ansiedad y pánico a su corta edad". Su incapacidad para resolver en aquel momento, después de ver la ira de su padre, lo afectaría en el futuro.

*"La ansiedad, es un mecanismo de **DEFENSA NATURAL** del organismo frente a estímulos externos o internos que son percibidos por el individuo como amenazantes o peligrosos".*

Wikipedia

Nuevamente se enfrentaba a un terreno desconocido que la llenaba de angustia, y es que la batalla de la mente es más dura que la de la vida real, más aún en el cuerpo de un pequeño que había protegido en su vientre y al que había enseñado a resistir la adversidad.

Los días comenzaron a ser más largos, y las noches se hacían eternas escuchando al pequeño: "Mami, me voy a morir. No puedo controlar mi cuerpo, me tiembla, no puedo respirar". La oración y las plegarias de Patricia traspasaban el techo de esa recámara en la que abrazados intentaban combatir la lucha que experimentaba en su cabecita.

La búsqueda de soluciones a este nuevo problema desafiaba a Patricia, quien, revestida de amor y valentía, miraba al miedo de frente. Mientras tanto, la vida matrimonial, ante las circunstancias que demandaban su atención constante, pasaba a un segundo plano.

La carrera profesional de Patricia crecía de forma gradual. Siempre apasionada por su trabajo, aunque los días eran exhaustivos, no cambiaban para ella. Las jornadas laborales eran largas, y ahora se sumaban las terapias continuas de su pequeño, quien se resistía a ir a su escuela. El niño decía: "Todos se burlan de mí, los ataques de pánico me sorprenden, y no los puedo controlar".

Patricia, día tras día, dejaba a su hijo en la escuela y se retiraba con el corazón destrozado al ver las lágrimas de su hijo, quien se aferraba a sus brazos y le pedía que no lo dejara aterrorizado ante la crueldad de sus compañeros, que no entendían lo que le ocurría a Daniel. Entre palabras de ánimo y voz entrecortada, Patricia disfrazaba el dolor en autoridad y le pedía obediencia.

Pasaron meses en los que Daniel dejó de ser el niño alegre, sonriente, ocurrente y avispado para volverse triste, temeroso y lleno de incertidumbre. Entristeció su carita, que pedía ayuda a gritos. Ya no quería salir de casa, no le interesaba jugar ni quería ir a la escuela. El acoso era parte de su vida diaria en las aulas escolares. A su corta edad, todas las noches rezábamos con tanto fervor hasta quedarnos profundamente dormidos. Él despertaba frecuentemente con un crucifijo aferrado a sus manos, me comentaba Patricia.

El acoso escolar, es la intimidación, agresión o burla mediante el contacto físico o manipulación psicológica, que causa estragos graves en la víctima, que pueden causar desde lesiones físicas, problemas emocionales, sociales, incluso hasta la muerte. El acoso no debe ser tolerado y debería ser severamente sancionado. A Daniel le robó momentos de su infancia que jamás volverán.

Ser madre no es una tarea fácil, menos aún sin la figura de un padre. Sin embargo, se aprende en la práctica, con asesorías e información, y se capacita con el corazón al descubierto. Incluso en medio de la corrección, hay dolor que después se convierte en gratificación al ver que el error se convierte en acierto.

La agenda de Patricia estaba llena, a diario; la resistencia ante las adversidades la estaba agobiando, señalaba. El apoyo de Roberto, era constante. Eran días en los que necesitaban estar fuera del salón de clases de Daniel; era necesario, y el pequeño necesitaba percibir que todo estaba bien. La presencia de alguno de nosotros le fortalecía.

Por meses, Patricia y Roberto permanecieron detrás de la puerta del aula escolar de Daniel, infundiendo ánimo y lograron una respuesta favorable en la recuperación del pequeño, aunque no tan rápida como deseaban.

Sin embargo, mientras enfrentaban estos avances, el reciente matrimonio de Patricia experimentaba algunos tropiezos y cada vez era más evidente. Los contratiempos comenzaron a sobrepasarlos. "El mundo que mi amado había fabricado en su mente", dice Patricia, "llevaba dos niños que nunca imaginó pasarían por estas turbulencias que demandan tanto el tiempo de su querida esposa".

Capítulo I: Transformando los miedos en oportunidades

Y mientras esto se respiraba en el hogar, las mariposas volaban en la habitación de Claudia. La adolescencia tocaba con fuerza a su puerta, casi sin darse cuenta, la niña se iba convirtiendo en una linda joven.

Patricia había cultivado a Claudia con un amor inquebrantable. Le había enseñado a ser auténtica, defensora de sus ideales. Su ejemplo era de entrega, responsabilidad, compromiso, respeto y pasión por cada una de las cosas que emprendía. Habían pasado ya algunos años. Comenzaba la primavera, y era tiempo de celebrar sus diecisiete años.

Con las manos en el volante, después de un arduo día de trabajo, Patricia intentaba reflexionar y poner en orden sus ideas de todo lo que había venido ocurriendo. Habían pasado dos años desde su matrimonio, en donde las corrientes habían sido fuertes y debilitando las fuerzas que intentaba redoblar.

Un día de principios del mes de mayo de 2009, Patricia terminaba su jornada diaria de trabajo y se dirigía a su hogar. Mientras manejaba a lo largo del camino, un vuelco en su estómago le avisaba que debía estar preparada.

"Hola, ¿cómo están?", pregunta Patricia al entrar a su hogar y ver a su hermana Sandra. Roberto, su esposo, le pide sentarse. Algo no está claro, pensaba ella al ver la cara de ambos. "¿Qué pasó? Díganlo, sé que algo pasó".

Roberto se adelanta y dice: "serás abuela, «felicidades»".

"Cuida tus PENSAMIENTOS porque se volverán PALABRAS. Cuida tus palabras porque se volverán ACTOS. Cuida tus actos porque se volverán

HÁBITOS. Cuida tus hábitos porque forjarán tu **CARÁCTER.** Cuida tu carácter porque formará tu **DESTINO.** Y tu destino será tu **VIDA.**"

Mahatma Gandhi

El corazón de Patricia latía con intensidad; era una tormenta de emociones, una combinación de preocupación y alegría. No articulaba palabra alguna.

Su pequeña la necesitaba; sabía que no la dejaría sola, pero no lograba recapitular lo que estaba pasando.

En el vientre de su joven hija latía ya un corazón, tal como algún día latió el de Claudia en Ella; era momento de unirse y esperar con amor al bebé que vendría.

Era tiempo de inclinarse y buscar como siempre el rostro del Padre, que nunca se había negado a escucharle y decía que, por su gracia, siempre le renovaba las fuerzas. La paz regresó a Patricia, quien salió en busca de su hija.

Analizar la vida de los demás solo nos convierte en el peor de los verdugos. Valdría la pena revisar bien nuestro libro de vida y darnos cuenta de que las decisiones siempre nos traen consecuencias, y que tal vez aún no te cobren la factura de lo que debes. O lo que es peor aún, la ley de la siembra y la cosecha podría darte una gran sorpresa; esta nunca falla. ¿Qué sembraste tú? Amor, odio, compasión, respeto, ternura, frialdad, envidia, egoísmo, soberbia... porque de esto recibirás.

Capítulo I: Transformando los miedos en oportunidades

Patricia sabía que se enfrentarían nuevamente a un camino desconocido y a la vulnerabilidad de la juventud de su hija.

Enfrentar lo que venía haría de Claudia una mujer fuerte a su corta edad. Ahora debía ser más valiente. Ella lo supo afrontar pese a los juicios en su contra; algunos de ellos disparatados de personas que se envanecen apuntando la vida de quienes están a su alrededor, dejando entrever el mal olor que salía de su interior.

Francisco se había ganado el amor de Claudia; ambos no rebasaban los veinte años; jóvenes enamorados planeaban ya su vida juntos.

El vientre de la hija de Patricia comenzaba a expandirse, mientras los síntomas del embarazo le recordaban que en su interior alguien esperaba pronto conocerla, y su diario vivir cambiaría muy pronto.

Mientras todo esto ocurría, yo observaba cómo la vida de ya entonces amiga Patricia tomaba un nuevo giro, y otro reto más se presentaba ante ella.

Yo esperaba ansiosa el plan de acción de Patricia; ante cada adversidad, siempre encontraba el lado positivo.

Ya habían pasado algunos días de la noticia; acudió al sitio donde buscábamos conversar. A lo lejos, pude ver a Patricia sola, sentada bajo un árbol; aunque su semblante era sereno, había sentimientos comprimidos que, al solo decirle "Felicidades, un bebé viene a la familia", rompió en llanto. Después, entre lágrimas y risas, respondió: "Sí, es una alegría muy grande. Ahora debo apoyarles aún más hasta que estén listos para volar, pese a cualquier situación que sobrevenga", señaló Patricia.

En este caminar, Patricia pidió a Roberto apoyar y respetar su decisión, buscó también la unión para reforzar a la joven pareja, a una mujer de semblante sereno, fuerte e inteligente, Irma Trevino, madre de Francisco.

En la vida de los padres, no hay un listado en donde la educación y la crianza de los hijos esté exenta de la incertidumbre de lo que vendrá.

Y aunque te sacuda el interior, no dejas de sentir un hueco en el estómago en donde solo un abrazo de Dios y un beso del hijo calma los sinsabores que se van sorteando. Sin embargo, la vida se basa en desafíos, pruebas, resistencia, perseverancia y crecimiento constante, y quien diga lo contrario tiene el más grande reto: evidenciar su necedad envuelta de arrogancia.

*"Es un gran privilegio haber vivido una **VIDA DIFÍCIL**."*

Indira Gandhi

En tanto las citas al médico eran más frecuentes, el tiempo para Patricia también era cada vez más fraccionado. Entre lo demandante de su trabajo, su matrimonio que requería atención y el esfuerzo familiar para ayudar al pequeño Daniel en la batalla que su mente intentaba ganar, las horas se le iban entre las manos.

Capítulo I: Transformando los miedos en oportunidades

Y ¿qué madre que se dice serlo no regala el tiempo sin observar el reloj, desata la madeja más enredada y saca fuerzas desde ese amor incondicional? Contra esto no hay obstáculo que pueda vencerla.

Daniel cada vez supera las terapias. Su fuerza de voluntad y el amor de quienes lo rodeaban le ayudaron a rebasar sus miedos, emprendiendo su lucha sin descanso, como le decía Patricia, su madre: "Ve de frente al temor y ahuyéntalo, y se irá". Roberto, por su parte, reforzaba a Daniel a diario e inyectaba en el pequeño la seguridad de que toda esa pesadilla pasaría. Durante sus terapias, comenzó a despertarle el gusto musical a Daniel, mientras que su pequeño sobrino esperaba en el vientre de su hermana Claudia. El bebé comenzaba ya a conocerle, y eso también le provocaba ilusión.

La vida de la familia estaba dando un vuelco inesperado. Patricia lo tenía claro y buscaba a diario mostrar con gallardía que vivir lo difícil es un privilegio que nos engrandece.

Adecuaron el hogar en espera del bebé que sería una nueva luz en la vida de una linda familia, resultado del amor de dos jóvenes que llevaban sus maletas llenas de sueños, de fe, de mil experiencias por vivir y con la incertidumbre propia de la edad.

-Debo decirles -dijo el doctor, refiriéndose a Claudia y Francisco- que será un varón. Todo se ve muy bien, solo que, por tu edad -dijo a Claudia-, está teniendo problemas de la presión arterial y retención de líquidos. Deberás extremar los cuidados.

Cuando tuvimos la oportunidad de vernos, Patricia decía: "Se que todo estará bien", sin embargo, un dejo de duda se le podía escuchar. "Nuevamente un reto más que hay que vencer, una nueva adversidad, una nueva oportunidad".

Eran poco después de las dos de la tarde del jueves 12 de noviembre de 2009. Claudia se preparaba para acudir a la visita médica, mientras que su madre escuchaba la respiración agitada de su hija, le observaba el brillo de sus piernas que mostraban una inflamación notoria y anormal. Sin decir palabra alguna, se dispusieron a salir a escuchar lo que el doctor M. Salinas les daría como sugerencia para la última etapa del embarazo.

Los minutos se alargaban, la inquietud arrebataba la tranquilidad de Patricia. "Pasen, el doctor las espera", señaló la enfermera con amabilidad.

Francisco no había podido acudir; su mundo también había dado un giro de 180 grados. En busca de trabajo, en su escuela había hecho una pausa. Debe ahora resolver el rol de padre y esposo. Esperaba ese día la llamada de Claudia para seguir instrucciones sobre la programación del nacimiento de su hijo, que estaba pautado en dos meses más.

Patricia cuenta que el doctor entró y, con voz pausada, dijo: "Claudia no puede regresar a casa, debe ser internada de emergencia. Debemos operar de inmediato, tiene preeclampsia."

La mirada de Patricia comenzó a humedecerse. No podía entender lo que sucedía, mucho menos lo que vendría. Abrazó a Claudia y, entre sus brazos, repetía: "Todo estará bien". Su hija no entendía lo que eso representaba, pero siempre su

Capítulo I: Transformando los miedos en oportunidades

temple era fuerte y sereno. Correspondiendo al abrazo de su madre, le dijo: "¿Qué tenemos que hacer?"

"Vayan ahora mismo a emergencias, y yo desde aquí dispondré todo. Nos vemos en unos momentos ahí en el hospital", dijo el doctor.

Patricia llamó a Francisco para darle la noticia: "Tu hijo debe nacer dos meses antes de lo pautado. Claudia fue diagnosticada con preeclampsia. Debes venir al hospital, preparan una cirugía de emergencia y los dos corren alto riesgo. Te espero aquí", apuntó Patricia.

"Preeclampsia: Síndrome específico del embarazo que consiste básicamente en la aparición de hipertensión arterial después de la vigésima semana de gestación y la presencia de niveles elevados de proteína en la orina, que puede ocasionar daño a los riñones, hígado y cerebro. La morbilidad y la mortalidad materna en la preeclampsia son el resultado de disfunción terminal de un órgano, hemorragia cerebral y eclampsia; mientras que para el recién nacido son las restricciones del crecimiento intrauterino y el bajo peso por prematuridad. El único tratamiento es el parto inducido o la cesárea."

Wikipedia

Entre batas blancas, monitores que no dejaban de sonar, y mangueras que cubrían el rostro de la hija de Patricia, veían cómo trabajaban a contrarreloj los médicos, quienes sabían que el riesgo estaba latente, el tiempo era corto y debían fortalecer al pequeño Josías.

Ya caía la noche y vi a Patricia caminar de un lado a otro en la acera del hospital, como si no viera que el espacio por donde caminaba era tan largo que podía recorrerlo por varios minutos. Me acerqué y pregunté: "¿Qué sigue?" A lo que respondió: "Necesito ser fuerte. Mi hija y mi nieto están en riesgo; solo quedan un par de horas para intervenir."

Esta vez el rostro de Patricia lucía diferente; podía verle el dolor, sus lágrimas marcaban sus mejillas, haciendo una línea evidente de profunda tristeza. "¿Qué sigue?" pregunté. Respondió: "Como siempre, las batallas más difíciles se ganan de rodillas y con las manos en alto", apuntó Patricia, y sin más regresó a la habitación de su hija, donde Francisco la aguardaba.

"¿Puedo entrar?" "Sí, pasa", dijo Francisco. "¿Cómo va todo?" preguntó. "Soy la Doctora Claudia Beltrán; debo decirles que el niño tiene problemas de hidrocefalia, de acuerdo a los estudios realizados, y no aseguramos la vida de ambos. Mañana, a primera hora, la Señora Claudia será intervenida. Ella estará sedada. Mientras tanto..." Salió de la habitación. Apenas cerró la puerta, Patricia cayó de rodillas, igual que Francisco, y entre sollozos rogando a Dios ser Él el que interviniera en ese frío quirófano al que llevarían a Claudia apenas el sol asomara.

Mientras el correr de los médicos enmudecía a Patricia, medicamentos, monitoreo del bebé, reforzando los órganos del pequeño Dante, a quien esperábamos ansiosos, enjugaba los ojos de Patricia y Francisco, que solo veían la urgencia con la

Capítulo I: Transformando los miedos en oportunidades

que se daban las cosas, avisándoles la gravedad de lo que podía ocurrir.

La noche se comía las horas, y no eran suficientes para elevar las oraciones que inundaban ese cuarto.

De pronto, un hombre de aspecto robusto, piel morena y cabello rizado entretejido, con un atuendo muy relajado, tal pareciera que iba o venía de una playa, se asoma y señala...

"Soy el Doctor Charles Smith, Jefe de los neonatólogos de este centro médico, y vengo a informarles que a primera hora su hija será intervenida". Tanto Patricia como Francisco de inmediato le hicieron saber el diagnóstico anteriormente dado, a lo que replicó: "No sé de qué me hablan, pero el pequeño está bien hasta el momento". "Dios había nuevamente intervenido", señala Patricia.

"No se preocupen por nada; en cambio, OREN POR TODO. Díganle a Dios lo que necesitan y denle gracias por todo lo que él ha hecho."

Apóstol Pablo

Apenas los rayos del sol comenzaron a traspasar la ventana y los pasos de algunas personas los despertaron precipitadamente, en el pasillo contiguo se escuchaba el equipo médico listo para iniciar con la labor de parto.

"¿Claudia, estás lista?" preguntaron los médicos, a lo que ella respondió en voz baja, "Sí, doctor", y despidiéndose de su madre con una sonrisa, se fue mientras su joven esposo la acompañaba.

Patricia señala que serían los minutos más lentos de su vida, mientras veía cómo se llevaban a su hija por ese largo pasillo.

Habían pasado ya un par de horas y nadie daba información. "Señora, espere, tenga paciencia", le decía una mujer de apariencia madura con un teléfono en la mano y semblante nada amigable.

El amor de una madre nunca se equivoca, es sensible, incondicional, infinito, desinteresado, tolera todo, perdona todo, no exige, y percibe fácilmente lo bueno o malo que atraviesa a quienes cobijó en su vientre. Este era el caso de Patricia, sabía que algo no estaba bien.

De pronto, vio que Francisco salió del pasillo de acceso restringido y con un rostro pálido le dijo, "Señora Patricia, Claudia la necesita."

Con el corazón oprimido y desesperación, Patricia caminó al cuarto donde su hija le esperaba.

"Mami, te quiero mucho. Cuíden de mi hijo. Me siento muy mal, no tengo fuerzas", le dijo su hija, mientras los ojos desconcertados de Patricia veían cómo salían las enfermeras del cuarto con sábanas empapadas de sangre. "Solo estamos controlando una hemorragia", señaló una de ellas.

La vida de Claudia se les estaba yendo de las manos. Patricia corrió en busca del Doctor M. Salinas. "Por favor, atienda a mi hija. No puede hacernos esto. Ayúdenla, se me está muriendo."

Capítulo I: Transformando los miedos en oportunidades

El doctor, dice Patricia, de inmediato regresó. Tomando su pulso, la sacó del lugar y en tono fuerte le dijo que tenía que salir y le avisarían. No podía estar allí.

Mientras atendían la emergencia, las oraciones de Patricia no paraban. Me acerqué a ella y la abracé. "Nuevamente, las adversidades te están tocando. ¿Qué harás?" pregunté en tono de reto, sabiendo que eso era combustible para ella.

"Me conoces bien; limpiarme las lágrimas y lograr que mis plegarias suban al cielo. Él tiene un gran propósito para mi hija, para mi nieto y el esposo de mi hija. Dejaré que él haga su voluntad y esperaré."

Con un tono amable y fuerte, un médico dijo, "Familiares de Claudia Salinas, su hija, Señora Patricia, está fuera de peligro. Logramos reanimarla. Sin embargo, su nieto es prematuro y deberá permanecer en cuidados intensivos hasta que adquiera el peso necesario. Las oraciones de ustedes tuvieron éxito. Su hijo", dirigiéndose a Francisco, "no tiene ningún problema neuronal, respira y come con normalidad." Las lágrimas se asomaron entonces en sus ojos.

Fueron días de desvelo, retos, oraciones y valentía de los dos por vivir. Claudia y Josías tenían una larga tarea por hacer.

Por tres semanas, Josías, el pequeño que cabía en la palma de una mano, luchó por fortalecerse, por vivir. Su propósito estaba marcado, ganar las batallas que sean necesarias para salir victorioso.

Luego de varias semanas, salió del hospital para iluminar el hogar, dándoles nuevos bríos y dirección a dos jóvenes que empezaban una vida juntos.

"Nada vale tanto la pena como ver que, pese a los golpes bajos que te puedes encontrar en el camino, tu familia se encuentra sana, feliz y en busca de la armonía constante". Me decía Patricia mientras conversábamos en el parque de siempre. El otoño comenzaba a desprender las hojas de los frondosos árboles que conocían ya nuestras conversaciones.

Cada vez que platicábamos, Patricia y yo, podía descubrir una mujer que cada vez le sumaba nuevas cualidades a su persona. Nada más gratificante que verla sonreír siempre con su gran optimismo y gran sentido del humor. La abracé y le dije que algún día escribiré sobre ella, a lo que me respondió: "¿A quién le podría interesar?"

Le respondí: "A quien sea como tú, una mamá con o sin hijos que se sienta viva, que llore, que ría y que quiera dejar ese miedo que paraliza y que desee convertir las dificultades en oportunidades." Ella me respondió: "Aún hay cosas por resolver. Te llamaré cuando lo haya hecho."

Pasaron tres años en que dejamos de conversar. La contacté: "Patricia, ¿cómo estás?" "Amiga, hay novedades. ¿Podemos hablar?"

No hay mejor momento que abrazar a quien sabes que su resiliencia le ha hecho un corazón suave y una piel tan dura que resiste a todos los cambios, cualesquiera que estos sean.

Capítulo I: Transformando los miedos en oportunidades

El café era caliente, pero no tanto como la temperatura que se podía sentir en una tarde de verano. Estábamos solas en el patio de su casa. Todo parecía normal, pero alguien ya no estaba. —"¿Cómo están?" —pregunté.

—Dalia, Roberto, mi esposo, ya no está con nosotros. Tuve que decidir.

» Mi maleta se quedó llena de planes y sueños por compartir dentro de una vida en común. Ese gran ser humano que sé que me ama, tuve que dejarlo ir. Yo necesitaba tranquilidad. Las discusiones eran cada vez más frecuentes, los obstáculos estaban dañando la relación. Preferí seguir navegando sola, aunque duela la herida. Sé que en algún momento lo entenderá y nos encontraremos. Hay mucho que agradecerle; es una gran persona, y sé que su amor siempre fue desinteresado y muy, muy grande. Le dolerá, pero no más que a mí. Sin embargo, alguno de los dos debía definir la dirección y buscar el sosiego, y esta vez fui yo. Roberto me entenderá, y sé que estará de acuerdo con esta parte de nuestra historia.

» Daniel salió de sus crisis de ansiedad. Está cantando en grupos musicales de su escuela. Estoy orgullosa de él. Claudia espera la llegada de una bebé, mi segunda nieta, y se llamará Elizabeth, que significa "juramento de Dios". Francisco está estudiando y trabajando, y yo sigo en el empleo que me vio crecer. Nuevos retos por enfrentar, muchos caminos por andar. Un cambio radical está en puerta en mi vida laboral, donde debo emprender la carrera contra el reloj de la vida, en donde podré servir a quien lo necesita y tomar de la mano más fuerte que nunca a mis hijos para juntos allanar el camino de lo que emprendan, con la única condición de no desmayar. Sé que no será fácil, pero te lo quiero contar —me dijo Patricia con voz firme y segura.

"HOY vale dos MAÑANAS"

Benjamín Franklin

Unos días después, quizás un mes, pude ver el nombramiento de Patricia como encargada de Enlace Comunitario en un Departamento del Alguacil de un Condado del Sur de Texas, en Estados Unidos. Nada más gratificante que ver cómo una persona como ella, que pese a las vicisitudes de su caminar, logró salir adelante y aprendió que cada mañana era una nueva oportunidad, que cada tropiezo es una piedra que debe patear tan lejos como sus fuerzas le alcancen, y que cada dolor que vivió lo convierta en un abrazo en donde el amor edifique y pueda sentirse la empatía que rompa hasta el muro más fuerte que sacuda el corazón más endurecido.

"Quien se transforma A SÍ MISMO, transforma el MUNDO"

Dalai Lama

Pude ver, como periodista, que al cerrar una puerta, mil y una historias se entretejen, donde algunas de ellas pueden ser un espejo que nos revele lo que nos pasa, teniendo soluciones prácticas. Así como Patricia atesora solo los buenos momentos y desecha lo que nos hace daño. El simple acto de prestarnos a conversar y escuchar, sin permitir que nada nos distraiga, puede ayudar a desencadenar reacciones positivas y tan expansivas que den dirección a quienes han experimentado el dolor, convirtiéndolo en herramientas de vida.

Capítulo I: Transformando los miedos en oportunidades

"Hoy, me voy", le dije, "y te dejo un abrazo tan cálido que jamás sientas frío en tu corazón". La miré fijamente a los ojos y pude encontrar a una mujer resuelta, feliz y con una comisión muy clara: exponer sus vivencias y su labor diaria para que sirvan de plataforma impulsora a quienes deseen vivir a plenitud. "Estaré pendiente de ti". Con un abrazo nos despedimos.

Dalia Ramírez

Capítulo II: La prueba, la mejor enseñanza

Capítulo II

LA PRUEBA, LA MEJOR ENSEÑANZA

 "La virtud resplandece en las desgracias."

Aristóteles

Las sonrisas de los hijos son el bálsamo que impregna y suaviza el corazón de un padre. El llanto de ellos, por el contrario, cala hasta el alma. El no poder protegerlos y abrazarlos es despojarte del arma con la que estás dispuesto a ganar todas las batallas. Esta es la historia de Eduardo Castellanos, a quien la injusticia intentó destruir entre cuatro paredes, separándolo de lo que más amaba. Su encierro lo despojó de todo lo que tenía, y su encuentro con la muerte intentó robarle la vida. Resistió hasta el final para rescatarla. La voz de Dios lo liberó, y desafiante ganó la guerra. No solo escribí su caso, sino que lo acompañé en su crecimiento. Nada es más satisfactorio que verlo triunfador.

Capítulo II: La prueba, la mejor enseñanza

Era un día común, normal, podría decir, febrero de 2018, actividades diarias, cuando de pronto sonó el teléfono desde un número desconocido. Contesté yo, y la voz al otro lado preguntó: "¿Acepta una llamada de un reo del centro de detención del Condado de Hidalgo en Texas?" Mi rostro mostraba un semblante inquisitivo, que mis compañeros de trabajo podían observar. Preguntaban: "¿Qué te pasa? ¿Quién es?" Respondí: "Es una llamada de un reo de un centro de detención". La operadora dijo que colgara, pero algo dentro de mí decía que debía continuar. Respondí: "Sí, acepto". La voz al otro lado dijo: "Soy Gonzalo Rodríguez, soy hermano de una persona que usted conoce, y me dijo que la llamara. En esta ocasión no es para una petición en referencia a mí, sino para un compañero de celda que recién salió de este centro y se convirtió en mi mejor amigo". Mi interrogante era aún mayor: "¿Y quién es esa persona?" Me dio el nombre, y quedé sorprendida porque el nombre me sonaba familiar, una persona a la que no sabía de hacía más de una década. Continuó Gonzalo: "Estoy aquí por consecuencias de mis actos, lo he pagado bastante caro, y ahora me encuentra lejos de mi familia, de mis hijos y en medio de un mundo que nunca pensé que estaría. Sin embargo, hasta en este lugar Dios se presenta y sabe que lo que le pediré no es para mí, sino para la persona que encontré y conocí en una celda, a quien vi cómo Él obró en su vida, a quien vi arrodillado orando día y noche, a quien vi desesperado porque no entendía lo que le ocurría. Sin embargo, sus oraciones llegaron tan alto que Dios lo escuchó y lo liberó porque debe salir a cumplir su propósito. Ya lo conocerá. ¿Puedo darle su teléfono para que hable con él? Dígale que yo le pedí que lo buscara". El preso Gonzalo salió más elocuente que miles de personas que he conocido en libertad, estaba cautivo, pero con más libertad que muchos que viven fuera de una celda. Esto me dejó sin palabras, no me atreví a decirle que no, por el contrario, algo en mi interior me decía que lo atendiera.

Pasaron algunos meses, cuando de pronto una llamada repicaba sin cesar en mi teléfono, el número me parecía no identificado, dudé en contestar y de pronto, recordé aquella petición. Contesté:

—Sí, ¿con quién hablo? —. La voz al otro lado dijo:
—Soy el amigo de Gonzalo, el reo que la llamó hace apenas unos días —Luego, continuó—: ¿Si recuerda?
— Sí, lo recuerdo. ¿Cuál es tu nombre? —respondí.
—Tal vez no me recuerde, pero yo te conocí hace muchos años cuando acudiste a mi casa a grabar algunos programas—. Quedé perpleja.
—Pero, ¿podrías decirme tu nombre? —insistí.
—Sí, claro, Eduardo Castellanos Jr.
—Sí, me acuerdo, pero tu voz parece de una persona joven —expresé-.
—Soy el hijo de la persona que conoces con el mismo nombre.
—Ahora entiendo. Dime, ¿cómo estás? La última vez que tuve contacto contigo, no cumplías los veinte años.
—Lo sé —respondió-.

De pronto, la voz cambió súbitamente de tono.

—La vida me ha dado grandes lecciones que aun no entiendo, pero sé que tenía que hablar contigo. Gonzalo me insistió mucho en que hablara con una persona que él sabía que podría ayudarme, aunque no pensé que estaríamos hablando de ti. Necesito platicar contigo —me dijo insistentemente después de conversar por varios minutos.

—Claro que sí, mira, no sé en qué podría yo ayudarte, pero lo que sí sé es que mi interior me está diciendo que acuda.

> *"Al final, lo que importa no es el primero, sino el último capítulo de nuestra vida, que es el que muestra **CÓMO CORRIMOS LA CARRERA.**"*
>
> **Paulo Coelho**

La cita se postergó por algunos días, no recuerdo cuántos. La vida parece pasar sin que nos demos cuenta; la agenda se llena a diario de compromisos que, en muchas ocasiones, no son fructíferos. Sin embargo, las diligencias son monedas al aire que, en mi profesión, ocurren a diario y, en su mayoría, de los varios lanzamientos, uno de ellos es valioso.

Este fue el caso: la llamada de un preso, la historia contada y el amigo cumplió su promesa de comunicarse conmigo telefónicamente. Eran piezas que aún no podía ubicar en el rompecabezas, pero ahora entiendo que su historia tenía que ser contada, vivida y provocar inspiración en aquellos que necesitan ver para creer.

Mis relatos son solo vivencias con personas de carne y hueso, sacadas de la vida misma. Son historias convertidas en exitosas verdades. He sufrido con ellos y he vivido en ellos.

Los días más difíciles de Eduardo los había escrito en algún momento de mi carrera, y ahora buscaba mi aportación para construir su vida y sus sueños en el área publicitaria, ahora que estaba en el suelo, pero libre y con el ímpetu de reconstruirse.

En la mesa de nuestra reunión, no permití que nada me robara la atención. Aunque confieso que, por momentos, me he sentido impotente e infeliz en la mayoría de estas historias de vida, que terminaron por enseñarme nuevas lecciones de vida y superación. Ser la pluma que describe cómo se renace una persona luego de ser despedazada es un privilegio que servirá para quienes han vivido sucesos similares y buscan una salida. Entonces, nada es más maravilloso que extraer el último aliento de alguien que piensa no poder respirar, ofreciendo una solución.

Ese es mi ahora amigo, Eduardo Castellanos Jr.

—Para mí, es algo difícil de contar porque me ha costado no solo mi libertad, sino también lo que siempre fue lo más importante para mí —Dijo con la voz entrecortada y con sus ojos enjugados de esa emoción que se asoma cuando el pecho se llena de emoción o tristeza.

Así comenzamos un día la conversación en el lugar donde la comida podía esperar.

—La vida, Dalia, te sorprende tanto que no sabes por qué o para qué. Mi fe, —agregó Eduardo—, que por momentos se veía fracturada, me hacía un hueco en el corazón de donde solo salía dolor, enojo y frustración. Esto nunca lo he querido hablar. Está aún reciente, pero sé que lo que te diré, lo sabrás describir, y podría ayudar a quienes, como yo, pasan tiempos difíciles: "Las pruebas son nuestras mejores enseñanzas".

» Mi vida es el antes y después de … ese domingo de junio de 2015, en donde salía justamente de un lugar para mí digno de respetarse. Me acompañaban mi hijo; la vida nos sonreía; la familia estaba feliz; mis negocios funcionaban como nunca; nuestra posición económica se encontraba desahogada. Siempre creí que el mantenernos cerca de Dios era la mejor muestra de agradecimiento por las tantas bendiciones que se nos habían derramado.

»El mensaje de ese día de parte del pastor, había hecho eco en mi mente... Nos disponíamos a disfrutar en familia... cuando de pronto, al salir de ese momento apacible y a punto de subirme a mi vehículo para esperar a mi hijo a que terminara sus clases doctrinales, todo cambió. La mejor escena de una película de cine no se comparaba; patrullas a mi alrededor; sirenas que se escuchaban por todas partes; un helicóptero sobrevolaba nuestro espacio; los caminos eran bloqueados, y gritando mi nombre, me pedían rendirme. Yo no sabía qué pasaba; solo podía ver los ojos de quienes estaban allí llenos de temor, paralizados; miles de preguntas se podían ver en sus rostros. "Tenemos que actuar rápido para extraditarlo", escuché que decían los agentes. Yo no sabía de qué hablaban; solo por instinto, de inmediato, señalé que no podían extraditarme, "soy ciudadano de este país de los Estados Unidos. Por favor, déjenme hablar con un abogado". Mientras ellos realizaban llamadas y ejecutaban órdenes, mi cabeza se volvía loca. » Yo solo quería ver a mi hijo, a mi familia, porque no sabía lo que pasaba y creí que jamás los volvería a ver. Volteaba a mi alrededor y solo veía oficiales encañonándome, preguntaban mi nombre a lo que yo solo podía responder, "sí, es mi nombre, pero no soy la persona que buscan". Quienes salían de la iglesia, angustiadas, protegían a sus familias; el frío recorría mi cuerpo; el alma sentía que se me escapaba; el desconcierto se apoderaba de mí, y mientras con empujones entrelazando mis manos y atándolas a unas frías esposas, súbitamente cubrieron mi rostro, me sentía asfixiado. Mientras nos alejábamos del lugar donde minutos antes había hablado con Dios, y Él prometió protegernos y amarnos, me comencé a sentir realmente olvidado.

La conversación de los agentes, donde podía escuchar que el tiempo para mi extradición había expirado, hacía un hueco en mi estómago y un nudo en la garganta.

» Luego de varias horas de un silencio sepulcral, comencé a escuchar el caminar con desgano en lo que mi mente suponía que se trataba de un largo pasillo. Pude darme cuenta de que se trataba de reos frente a mí, confirmando en dónde me encontraba.

» Yo no terminaba de entender lo que sucedía, si no había cometido ningún ilícito. "Usted no puede hablar hasta que no tenga un representante legal", me decían... "porque podría ser utilizado en su contra". ¿En contra de quién?, me preguntaba.

» Ese fue el momento más sórdido de mi vida. No encontraba sentido a lo que estaba pasando, en qué momento había ocurrido y quién lo había hecho. Me quedaba claro que yo no era... Mientras Eduardo me explicaba, yo podía ver sus ojos llenos de asombro y enjugados mientras sus manos no paraban de moverse, tratando de describir ese incidente que marcaría por siempre no solo su vida, sino su alma. Mientras yo lo observaba, tratando de recrear cada una de las escenas, su respiración comenzó a entrecortarse y, tratando de contener sus emociones, hizo una pausa para tomar nuevo aliento y seguir.

*"Solo cuando has sentido cómo el frío del miedo recorre tus venas, lo desafías con intensidad y lo vences, es cuando logras **HACERLO TU CÓMPLICE**."*

Dalia Patricia Ramírez

Capítulo II: La prueba, la mejor enseñanza

—¿Eduardo, qué pasó después de ese momento? —le pregunté. Eduardo se tomaba la cabeza con sus manos y respondió:

—Me regresaron a una celda individual de alta seguridad, donde hacía mucho frío. Entré y recorrí las cuatro paredes de un espacio de solo 8 x 11 pies, con un inodoro frente a una plancha donde supuestamente dormiría. La soledad me abrazaba tan fuerte que no me dejaba respirar. Fue entonces que conocí el escalofrío del miedo, ese miedo que te paraliza y no te deja pensar ni respirar, te ahoga hasta que te dobla de dolor.

» Esos primeros catorce días fueron crueles y difíciles... incomunicado totalmente, no me permitían saber sobre mi caso, mi familia, mucho menos de lo que harían conmigo o de lo que me acusaban formalmente...

» Los días pasaban tan lentamente que perdí la cuenta. Fueron dieciocho días en total en los que no dormí. La depresión me había invadido. Daban vueltas en mi cabeza mil y una premisas de lo que ocurría. Mi pecho comenzaba a sentir opresión, la que te hace sentir que mueres viviendo, y que solo con un intenso grito prolongado de dolor y frustración podía liberarse, hasta que el cansancio me venció y caí poco a poco en un sueño profundo. Durante ese tiempo, logré ver entre penumbras cómo caminaba hasta el final de un túnel y desde entre las nubes pude ver una escena que sacudió mi corazón y me hizo volver a la realidad.

—Continúa, Eduardo —le pedí, mientras su voz pausada y sus sollozos se podían escuchar reviviendo esa escena.

—En mi sueño pude ver a mi hija Daniela abrazando mi ataúd y a mi hijo Eduardo a un costado de él, llorando sin cesar, gritando que no me fuera, que no podía fallarles. Mi pequeña golpeaba repetidamente el lugar donde yo ya me veía sin vida, diciéndome: "Te necesitamos, papi, no nos puedes dejar". Ese momento de intenso dolor me hizo despertar y, empapado en sudor, sentí que el corazón me saldría del pecho. Entonces entendí que no podía seguir dejándome vencer y decidí sacar fuerzas de donde fuera necesario. Ellos no podían verme como un perdedor. Ese momento fue el que marcó mi actitud posterior, y decidí distraer mi mente agotando mi cuerpo en el ejercicio diario y extenuante.» Luego de casi veinte días, pude hablar con mi madre… esa mujer de inquebrantable fe, la que me enseñó principios inmutables, la que solía animarme cuando las cosas no funcionaban bien, pero, sobre todas las cosas, la que amaba incondicionalmente. La que siempre creyó en mí, la que oraba sin cesar. Sus rezos enviados a Dios eran lo que me daba fuerzas, y tan solo el escuchar su voz me provocaba tranquilidad. Al menos sabía que ella creía en mí. Su voz me hacía pensar que todo pasaría, como cuando era niño, y en sus brazos, al caerme, me abrazaba y sentía que con su protección todo estaría bien. Es algo indescriptible que solo quienes han tenido el amor y el calor de una madre pueden entender —enfatizaba Eduardo; y continuó con su relato:

—Después de sus llamadas, podía acomodar mis pensamientos. Ella me decía: "Eduardo, Dios tiene un plan perfecto; ahora no lo entendemos ni lo vemos, pero en un tiempo, lo comprobaremos. Él tiene un gran plan para ti".

» Después de treinta y ocho largos días, no era fácil mantener eso en mente. Cuando me cambiaron a una celda con ocho personas, todos habían cometido algunos crímenes. Fue entonces cuando la inseguridad comenzó a apoderarse de mí. El silencio era ensordecedor y común en la celda. Ninguno deseábamos platicar de lo que nos tenía allí, mucho menos compartir nuestras experiencias. A nadie le importaba saber lo que le ocurría al otro. Nos manteníamos guardados sin intercambiar palabras, mostrando una falsa dureza y valor, de lo contrario podríamos ser presa fácil de insultos o maltratos.

» Mi madre me llamaba a diario y estaba en contacto permanente con mi abogado. Mis recursos económicos se habían agotado, todas mis cuentas estaban congeladas, mi familia cada vez me parecía más alejada. Un presentimiento rondaba en mi mente una y otra vez, algo me decía que una traición estaba en marcha en mi caso.

» El dolor de poder perder a mi familia no me dejaba en paz. La vergüenza te va dejando sin palabras, el juicio sobre uno es tan duro, los ojos están puestos en ti. El miedo comienza a transformarse en un frío que te recorre el cuerpo. Las dudas y la incertidumbre no te dejan poner en claro tus ideas, y yo no sabía aún qué pasaba en mi caso.

» Dalia —me dijo—: Yo trabajé muy duro desde joven. El negocio al que me dedicaba estaba dejando los mejores dividendos. Vendemos maquinaria para trabajar en el campo. Mi negocio era próspero en ese momento. Tenía una familia estable, vivíamos desahogadamente, todo iba viento en popa. Mi fe estaba siempre ahí, el asistir a mis cultos dominicales no era una opción, siempre estábamos. Mi oración no fallaba. Teníamos un hogar, éramos muy bendecidos', añadió. De pronto, todo cambió. Ahora era tratada como una criminal y todos dudaban de mí. Me segregaron a una cárcel. » Fueron muchos días en los que no podía contener mi rabia. Noches sin dormir, no había un día en que no reclamara a Dios su proceder. » Hasta que te vas quedando hueco por dentro, el corazón se te va poniendo duro. Lloras por dentro porque nadie puede ver tu debilidad. El grito de dolor en tu interior te deja afónica. Más aún, te sientes olvidada por Dios. Nada de lo que te digan es suficiente para calmar ese desespero. Vives muriendo un poco todos los días, mientras el mundo sigue su curso fuera de ese edificio en donde la seguridad es como si yo hubiera sido el criminal más despiadado.

Eduardo vivió un periodo de procesos jurídicos continuos para determinar los cargos que le habían sido imputados. Entre los cargos formales en su contra se contaban el lavado de dinero, fraude y crimen organizado. Eduardo siguió platicando:

—Luego de varias semanas, al fin pude ver a mi madre.

"Si alguna vez te has sentido desgarrado, por dentro y por fuera, y has logrado reconstruirte de rodillas ante Dios, entonces HABLAMOS EL MISMO IDIOMA."

Dalia Patricia Ramírez

» "Eduardo Castellanos Junior tiene vista", dijo un oficial. Me llevaron a ese lugar donde solo podía ver a mi madre a través de un cristal. Ella trataba de acariciar mi rostro deslizando sus dedos por el empañado vidrio, testigo de cada momento y confesión que solemos hacer quienes estamos dentro de una cárcel.

» "Eduardo, ¿qué sucedió?", me preguntó mi madre respondí: "No sé, yo no sé porque me acusan de todo eso. Sabes que soy inocente". "Te creo, hijo", respondió, mientras sus ojos se llenaban de llanto, pero con una voz firme y segura siguió diciendo, "pondremos todo en manos del mejor abogado" — refiriéndose a Dios— "Todas las noches oraremos a Él porque Dios siempre obra para bien, y esto lo resolverá. Ya un abogado está trabajando en tu defensa". Y con voz desafiante terminó diciendo, "vendré a verte para contarte los avances de esta investigación. Te amo hijo y confío en ti", terminó diciéndome mi madre. Mientras sus pasos se alejaban, podía escuchar sus sollozos, había olvidado colgar el auricular; yo no podía contener mi dolor.

» Mi Madre es una gran mujer de Dios no merecía sentirse así. Al término de la visita y mientras los carceleros me llevaban de nueva cuenta a los separos de los hombres más peligrosos, yo me preguntaba si yo sería uno de esos, y porque debía estar ahí.

» Días después, la respuesta de mi Madre llegó. El abogado que me representaría habló conmigo y en tanto me explicaba yo insistía en decirle que no sabía nada de lo que me acusaban. La labor titánica del abogado fue realmente extenuante, porque debía demostrar mi inocencia a las agencias federales que me acusaban, eso no era nada fácil.

» Mientras los meses pasaban, mi situación se complicaba cada vez más, ya que las pruebas nunca parecían ser suficientes, las audiencias eran esporádicas y nada indicaba mejoras. Por el contrario, los desafíos aumentaban y la insistencia en mi extradición a México se hacía más fuerte. Después de algunos días, llegó mi primera cita con el juez y me llevaron ante él.

"Señor Eduardo Castellanos Jr., tiene que ser consignado por el crimen que ha cometido", me dijo un oficial con voz autoritaria y desafiante. Atado de pies y manos como un criminal, los carceleros me custodiaban. Mientras intentaba caminar, mis rodillas temblaban como nunca antes, y mi mente repetía una y otra vez: "Dios, ¿dónde estás? ¿Qué está pasando? No me dejes aquí. Que sea solo una pesadilla. Tú conoces mi corazón. Tú conoces mi vida".

Tras un largo recorrido por un pasillo interminable, llegamos frente a un juez.

"Señor Eduardo Castellanos Junior, está usted acusado de lavado de dinero, fraude y delincuencia organizada. Se está solicitando su extradición a México, donde la Interpol lo busca por los mismos delitos".

"El mundo se me venía abajo", me dijo Eduardo mientras tomaba un vaso de agua y luchaba por contener las lágrimas que amenazaban con asomarse nuevamente.

—Fueron momentos que destrozaron mi corazón y amenazaron el futuro de mis hijos, que no dejaban de aparecer en mi mente una y otra vez.

» Mientras el juez continuaba informándonos que el proceso seguía y que estábamos a la espera de la audiencia final para mi extradición, yo miraba a mi abogado, ya que yo estaba siendo objeto de extradición a pesar de no haber cometido ningún delito. No era ciudadano mexicano y jamás había estado en México. Mi abogado defendió mi caso con determinación y dijo: "Mi cliente está siendo acusado injustamente, y tengo pruebas que respaldan su inocencia, así como los negocios que él administraba. Desafortunadamente, nada de esto fue suficiente, y nos dieron una fecha para una nueva audiencia".

Mientras Eduardo continuaba con su relato, podía ver cómo las lágrimas brotaban de sus ojos. Aunque intentaba disimularlas, su dolor era palpable. "Me dolían mis hijos, mi esposa, mi madre... me dolía todo", dijo con voz entrecortada. "Incluso el aire que respiraba parecía cortar mi corazón". Eduardo hizo una pausa en su emotiva narración y añadió: "Fueron los días más tristes que he vivido".

Eduardo señala que tuvo días en que amanecía muy positivo, seguía haciendo las labores normales de un reo, sin dejar de ejercitarse, lo que había formado parte de su vida diaria, y oraba sin cesar.

"Lo que Dios te ha prometido TUS OJOS LO VERÁN."

Salmos 33:4

—La vida estaba cobrando una deuda que nunca entendí —me decía Eduardo—. Mi esposa comenzaba a perder la paciencia. Los días que iba a visitarme cada vez eran menos. Era mi novia de juventud, la mujer que siempre soñé, la madre de mis hijos, mi motor de vida durante dieciocho años, mismos que veía cómo se iban desvaneciendo. Aunque la ausencia dolía, podía entenderla. Las dudas estaban ganando terreno en ella. Cada vez las palabras de amor se quedaban aprisionadas en sus labios. Podía ver en sus ojos el desamor, el desconcierto, y yo no podía hacer mucho detrás de ese cristal y preso.

» No pasó mucho tiempo cuando me informaron: "Eduardo, tu esposa entró en depresión y fue internada en el hospital". Sin embargo, Dalia, yo quería convencerme de que todo estaba bien, que solo era mi imaginación, pero mi corazón sentía lo contrario. Hasta que, después de ocho meses de estar en prisión, escuché lo que me negaba a aceptar. Mi esposa recién salió del hospital y me pidió el divorcio. Su abogado fue claro. Ella se quiere separar de ti, y cómo estás en prisión, se le solicitará a un juez una audiencia para explicar que estás sujeto a extradición y perderás todos los derechos, y todos tus bienes pasarán a manos de tu esposa. No tienes opción, debes firmar.

"Señor Castellanos, terminó su tiempo de visita," me dijo el oficial carcelero, mientras firmaba el último papel de mi divorcio. Sentía que la vida se iba ahí, entre los papeles que llevarán la libertad a la mujer que amaba.

» Dalia, fueron días interminables. Perdí la noción del tiempo. Días después, el abogado de mi esposa había logrado transferir todas las propiedades que teníamos a su nombre. Me había despojado de todo.» Terminé por perder la cuenta de los días, de las horas y de las fechas importantes, e incluso de mis familiares. Pasaron meses enojado con la vida y con Dios.

» El dolor me estaba matando en vida. Me sentía como un león enjaulado. La furia me estaba carcomiendo. Ya no quería saber de nadie ni de nada. ¿Qué más daba si salía de aquella fría celda si ya no tendría nada? Mis hijos ya no querrían verme y pensarían lo peor de mí. Pero me aferraba a ese momento de volverlos a abrazar y explicarles mi versión. Pero eran tan jóvenes que no sabía si lo entenderían.

» Mi mundo se estaba cayendo a pedazos sin que pudiera detenerlo. El escenario era la película en la que me rehusaba a creer. Mi familia se me deslizaba entre las manos. Los rostros de mis hijos los veía en todas partes, mientras que mi mente se encargaba de decirme que no saldrías jamás, que todo terminó para ti. Dicen que cuando uno muere, uno se va al cielo o al infierno. Yo creo que mi infierno lo viví en ese lugar donde las llamas consumían mis días y me quemaban por dentro.

Eduardo empuñaba sus manos mientras seguía platicando.

—Dalia, me hundía en el ejercicio para desahogarme. Comencé a desconfiar de Dios, y es que, a diario, mientras me bañaba en la regadera, lloraba ahí donde las lágrimas se esconden entre el agua y le decía: "Señor, quítame todo, menos a mi familia", y eso fue lo primero que me quitó.

» Fueron seis meses seguidos después de esa firma en los que no podía pensar en nada. Estuve la mayor parte del tiempo sin poder dormir. Mi cuerpo estaba perdiendo fuerza, mientras mi desánimo estaba ganando terreno. Perdía la noción del tiempo, dejé de sentir la calidez de un abrazo y el sabor de un beso. Me estaba volviendo un tipo insensible, triste, dolido con la vida y con un amargo corazón.

» Uno de mis compañeros de celda, llamado Gonzalo solía decir: "Que yo esté aquí es algo que me lo busqué, pero tú no has hecho nada, y pronto saldrás. Confía en Dios, tú sabes más de eso que yo. Y cuando salgas", me decía con tanta seguridad, "te pido que ayudes a mi familia". Yo tenía un negocio que ahora manejan ellos con lo que están tratando de sobrevivir. Yo no era de hablar mucho; sin embargo, su insistencia fue abriendo nuestra conversación.

» Pasaron meses en los que fechas memorables para mí pasaban, y yo seguía tras las rejas como un criminal. El proceso se mostraba complicado, las pruebas nunca eran suficientes. Mi defensa me decía que ya preso, algunas personas confabularon en mi contra para culparme de los cargos que sostenía. Me costaba entenderlo porque eran personas cercanas a mí, pero Dalia, "uno nunca termina de conocer a la gente". Mi abogado trabajó muy diligentemente en mi caso y me mantenía informado.

Sin embargo, el tiempo corría para Eduardo Castellanos Jr. Ahí en prisión, contó su primer año y ya se encontraba prácticamente despojado de todo. Solo contaba con su resquebrajada fe que su madre ayudaba a diario a restablecer.

Eran audiencias tras audiencias. y no se resolvía su caso. Un día, mientras la desesperación se apoderaba de él, comenta: "Me postré de rodillas y grité tan fuerte en mi interior que sentí una implosión recorrer todo mi cuerpo. Esos gritos sórdidos que nadie podía escuchar ahí en la cárcel, donde todos deben ser fuertes y no llorar. Ahí le dije a Dios, 'Si realmente existes, toma mi caso en tus manos y sácame de aquí, ayúdame a esclarecer mi inocencia y probarla frente a mis hijos'. Desde ese momento, Dalia", me dijo, "mi vida cambió. Eran casi veinte años en prisión a los que me querían sentenciar. Era un caso difícil de probar, pero no imposible para Dios.

» Luego de varios meses, era una noche de agosto. Ya tenía más de un año en prisión cuando, mientras oraba, escuché las llaves de un oficial dirigiéndose hacia nuestro separo. "Señor Castellanos, mañana pasaremos por usted a las 3:30 de la mañana para que esté listo. Tendrá audiencia a las 9 de la mañana en la Corte Federal".

» Después de decir eso, el carcelero dio la vuelta y se fue. Mientras los pasos se alejaban, mi corazón nuevamente dio un vuelco. Mi estómago se llenaba de una especie de calambres que me detenían la respiración. No sabía a qué me enfrentaría. Nuevamente venía a la mente el mensaje de mi madre: ora sin cesar. Pero la verdad, ya no sabía qué orar, cómo pedir, nada me funcionaba —me dijo Eduardo, mi gran amigo—. Me acosté, pensando en lo que vendría. Mi defensa estaba encargada de las pruebas, pero yo ya no tenía recurso alguno para pagar sus servicios. Lo había perdido todo, y lo que era peor, las fuerzas se me escapaban cuando me tocaban las audiencias. Incluso hasta el rostro se te va haciendo frío, áspero, agresivo, enojado con la vida.

» Sin poder dormir, me llegó la mañana. "Señor Castellanos, es momento de su audiencia, vamos, camine", decía el carcelero con voz áspera. Y mientras iba caminando, iba sintiendo nuevamente el frío que te recorre el cuerpo. Luego de todo un seguimiento rutinario, llegó el momento de entrar a la corte.

» No sabía por qué, en medio de mis reclamos, se asomaba la paz en mi corazón y mis pensamientos comenzaban a tomar su lugar. » Fueron días y noches de diálogo interno e intenso con Dios. Nunca antes había tenido esa oportunidad de hacerlo como en esos días de soledad, de encierro, de silencios, de preguntas sin respuestas y de oraciones no respondidas.

Pude ver el rostro de mi madre sentada frente al juez, la defensa, algunos rostros familiares... el juez, que, con un semblante sereno, pronunciaba mi nombre: "Eduardo Castellanos Jr.". El carcelero tomó mi brazo atado y poniéndome frente a él, pronunció esas palabras que creí nunca escucharía: "Señor

Castellanos, se ha cometido un error con usted. Ofrecemos las disculpas necesarias para restaurar su honor."

» Mi corazón no dejaba de latir, no sabía si saldrían mis lágrimas o mis palabras primero ante tal noticia. "Señor Castellanos, ¿desea decir algo?" Escuché. Su señoría, solo pido una sola cosa: que me extiendan una carta de absolución de mi caso, en donde se me declare inocente de los crímenes que me imputan para mostrárselo a mis hijos."

» El juez dijo: "Concedido. Eduardo Castellanos Jr., queda usted libre." Fueron minutos que nunca voy a olvidar, mientras regresamos a la celda a recoger mis cosas y firmar mi salida... miles de voces se podían escuchar en mi mente y los rostros de mis hijos aparecían como una película frente a mis ojos. No podía ni firmar los documentos que me devolverían mi libertad.

» Era ya casi medianoche cuando pude respirar el aire de una nueva vida. Mi libertad estaba concedida. Salir del reclusorio de alta seguridad sin un teléfono, sin dinero, con un corazón herido de muerte, con la respiración entrecortada que no me permitía gritar de alegría sintiendo ese nudo en la garganta que había mantenido por más de un año y medio sin poderlo evitar... mis ojos le pedían a la noche ser mi cómplice y la luna testigo de mi inocencia... pude darme cuenta de que la libertad y la paz no tienen precio.

» Por primera vez en mi vida no sabía ni a dónde ir. Me fui caminando sin rumbo, hacia donde la luz se asomaba, solo dejando que el aire golpeara mis mejillas. Nunca como ese día me alegré de la brisa, de la velocidad con la que transitan los vehículos, del olor de la vida y el silencio que ahora me abrazaba cálidamente.

» Caminé, caminé hasta que perdí la cuenta del tiempo... llegué a un lugar donde me presentaron un teléfono. "Madre", dije, "estoy libre". "¿Cómo?", preguntó, dando un salto de su cama. "Hijo, no te muevas de donde estás, el abogado irá por ti."

» Ese día la espera se me hizo tan corta. Todo era diferente. Luego de no sé cuánto tiempo, llegó mi abogado y me llevó a un hotel. Quise quedarme solo por algunos días, acomodar mis pensamientos, mi vida y rescatar lo que quedaba de mí.

» Ansiaba ver el rostro de mis hijos. Llamé luego de varios días a mi madre, a quien le pedí que pasara por mí y me llevara a la escuela de mis hijos para verlos. Esa escena fue indescriptible, Dalia. Era una mañana soleada y calurosa. Mi corazón palpitaba fuertemente. Bastó solo ver el rostro de mis hijos para que corriéramos al encuentro, ese encuentro que marcaría nuestro futuro.» Realmente fue maravilloso. Pensé que no los vería más, Dalia —dijo Eduardo entre sollozos.

» Tras varias semanas de reacomodo, conocí a la familia de mi compañero de celda, Gonzalo, y comencé a empaparme de los negocios de él y de lo que me había recomendado: "ayudar a su familia". Los negocios para mí no eran difíciles de abordar, por eso me dediqué siempre, así que decidimos hacer algunos acuerdos y comenzamos a emprender.» Gonzalo me insistía en continuar con el ramo de su negocio, pero al cabo del tiempo eso no sería mi objetivo.» Estaba repasando cada una de las diligencias que a diario escribía en mi agenda mientras estaba preso. Sabía que estando libre las cumpliría, aunque cada día le agregaba una o dos más asignaciones.» Vi el nombre de una persona a quien mi amigo Gonzalo insistía tanto en que llamara. "Ella te apoyará". Y de pronto, Dalia, tomé el teléfono para comunicarme contigo, aunque te confieso, creí que quizás no me escucharías.

» Eres la única persona a quien le he contado mi historia fuera de mi círculo familiar, a quien le importaría si era ya un hombre que había perdido todo lo material, lo familiar y lo espiritual, pero había ganado las ganas de resarcirme de entre las cenizas.

» En ese momento solo sueños tenía, la experiencia vivida y los muchos años de trabajo que ya habían quedado en el olvido. Luego de nuestras pláticas y contarte mis planes, decidí emprender con nuevos bríos en un medio que no conocía del todo.

» Hoy puedo decirte que Dios me ha dotado de la sabiduría para salir adelante. Me he rodeado de personas como tú que han confiado en mí, y no en lo que puedo hacer. Tú has sido testigo y compañera de este viaje. Tu apoyo en el área de innovación de publicidad y la decisión de involucrarme con personas visionarias han sido claves también en la creación de mi proyecto de vida en el ramo de la construcción y de esta forma poder ayudar a decenas de familias en su economía a través de la generación de empleos para decenas de personas.

» Recuerdo, Dalia, cómo tú prestaste oídos a mis palabras entonces escasas, tus entrevistas, tus videos, tus versiones de mí... de quien solo contaba con la convicción de lo que solo tenía en mi mente. Sin dinero, creamos una película de mi esfuerzo que Dios amplificó y hoy me entrega la cabeza de Goliat con esas bendiciones y la confianza de proyectos de desarrollo que desafiaban mis miedos y ponían a prueba las habilidades y dones de los que me ha dotado. Eduardo terminó diciéndome que cuando las oportunidades o tempestades vienen de Él, solo son pruebas que se deben pasar, porque luego de eso viene la enseñanza manifiesta y la doble porción de bendiciones. Él mueve montañas y atrae las conexiones divinas.

A lo largo de mi carrera, que son ya más de veinticinco años como periodista, me ha tocado vivir, escuchar, observar y escribir historias de dolor, superación, desafío, negligencia y cientos más. Sin embargo, los días vividos de Eduardo Castellanos Junior me han dejado un dejo de admiración ante el amor de un padre para con sus hijos y su familia, donde todos opinaron, juzgaron y condenaron, pero pudo más la fuerza interior del acusado, la fe en sus oraciones puestas en lo que llama su Dios, el Mejor Abogado.

Y es que los seres humanos con frecuencia somos rápidos en emitir nuestra opinión, nuestros juicios o en actuar ante situaciones con intenciones disfrazadas.

Sin permitirse el diálogo ni ponerse en el lugar de la otra persona, porque vivimos en un mundo en donde el "yo" es más importante que el "nosotros", en donde los sueños de una persona son monedas sin valor, en donde la cooperación de voluntades y el respeto a los proyectos de los demás debería ser una bala expansiva para quien lo escucha. Es maravilloso acompañar a quien está firme en el camino y desafía el miedo, abre su corazón y lucha por su objetivo mientras sana las heridas que su historia le ha dejado.

Ser parte de este desenlace feliz me llena de orgullo y satisfacción. Hoy por hoy, Eduardo Castellanos Junior es un hombre próspero dedicado al ramo de la construcción, pieza clave en proyectos de gran envergadura de desarrollo urbano en el sur del Estado de Texas en los Estados Unidos. Su empresa ha logrado dar trabajo a personas que también buscan una mejor calidad de vida. Es tesorero y cofundador de una iglesia a la que ayuda a crecer y es asesor de algunas mesas directivas de bancos locales. Sus hijos viven junto a él y se han convertido en sus mejores aliados dentro del ramo de la construcción y de los bienes raíces. Ha recuperado la confianza de ellos y de la fría sociedad que lo culpó sin derecho a réplica. Una carta de las autoridades de la justicia lo exoneró de toda culpa.

Los sueños de este hombre son más grandes que lo que sus ojos puedan ver. Qué ironía que un error haya devuelto la vida y el éxito a una persona que creía haber perdido. Sin embargo, lo esculpió tan duramente que ni la tormenta más potente puede destruirlo. "Disculpe usted, señor Castellanos Junior, fue un error. Usted es inocente de todo cargo", serán las palabras que resonarán en los días por venir de un hombre al que en mi camino por esta profesión me he permitido acompañar en su ascenso hacia la cima donde se encuentra ahora.

Gracias, Eduardo, por tu confianza. Terminé mi última entrevista para este capítulo, y él respondió, "Dalia, la prueba ha sido mi mejor enseñanza", abrazándome fuertemente. Nos despedimos, pero con una fecha próxima para ver sus próximos triunfos. Su proceder me hace recordar la frase de Paulo Coelho: "No sé cómo termina mi historia, pero en sus páginas nunca leerás 'Me di por vencido'".

Capítulo III: Agradece, da y se te multiplicará

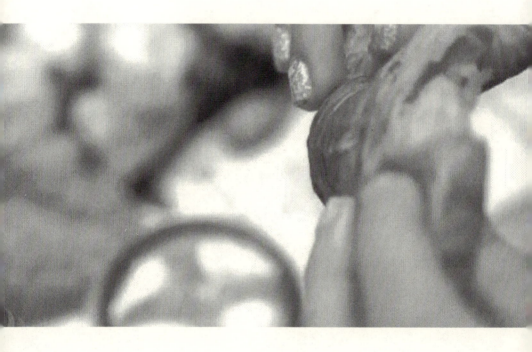

Capítulo III

Agradece, da y se te multiplicará

FAMILIA EMPRESARIA, MIGRANTE Y EXITOSA

"Más bienaventurada cosa es dar que recibir". Cuando leí la Biblia y llegué a Deuteronomio 28, me quedé impresionado con las bendiciones que se mencionan ahí... "Bendito serás en tu entrada y bendito en tu salida, bendito en todo lo que pongas tu mano. Tu familia, tus hijos y tu descendencia serán benditos." Si nosotros aprendemos a compartir lo que Dios nos da, Él se encarga de multiplicarlo.

Así comenzó la reunión tan esperada con un matrimonio a quienes conocí hace algunos años cuando les apoyé en el área publicitaria durante mucho tiempo, cuando nuevamente comenzaban a impulsar su anhelado sueño resquebrajado. Abel Ayala y Martha Ayala conforman un matrimonio "inquebrantable". Abel, originario de Abasolo, Guanajuato, México, y Martha, del Estado de México, son dos personas que emigraron a los Estados Unidos y son propietarios de negocios dedicados a la elaboración de pan dulce. Entrar a su lugar no solo era agradable, sino también apetitoso.

Capítulo III: Agradece, da y se te multiplicará

Ya me esperaban para la cita, un poco tímidos pero dispuestos a contarme sobre lo que sabían removería las fibras más sensibles de su corazón y a quienes la vida les ha mantenido unidos pese a los múltiples reveses que los años les habían traído. Una pareja digna de conocer, con una gran fe en Dios, tenacidad y amor por los demás, son las cualidades que me impulsaron a tomar la pluma y comenzar a escribir su historia, que hará reflexionar a más de uno.

Y es que las diversas caras de la necesidad y la violencia a menudo agrietan el deseo de permanecer en la tierra que te vio nacer. Esta es la realidad de millones de personas que han desafiado el peligro y el miedo para emprender un éxodo de sueños hacia los Estados Unidos. Perfuman el aire con múltiples aromas, de sollozos que solo el viento puede distinguir. Las lágrimas han dejado surcos en el desierto y piel en los caudalosos ríos por los que muchos de ellos han dejado su dignidad al enfrentar los desafíos que se les presentan.

Esta es la realidad que he experimentado a lo largo de mi carrera durante años. A través de mi óptica, he visto a personas morir en el intento de alcanzar el anhelado sueño americano. Algunos han llegado con el último aliento. He visto los rostros de bebés con ojos desorbitados al no reconocer los brazos de sus padres que se quedaron en el camino.

La frontera sur de Texas se ha convertido en muros impregnados de dolor para quienes dejan atrás su esencia y se atreven a enfrentar las leyes en su afán de encontrar un lugar donde echar raíces y lograr llenar el hueco de un estómago que ya no reconoce desde cuándo tuvo alimento.

Un día, durante mi cobertura del fenómeno migratorio ocurrido en mayo de 2023, el calor era agobiante. La temperatura superaba los cuarenta y tres grados centígrados. Los rayos del sol penetraban irremediablemente en nuestra piel. El sudor nos cubría de pies a cabeza, el aire parecía no existir, sofocando nuestra respiración. Durante una visita a un albergue en una ciudad fronteriza del estado de Tamaulipas, México, escuché el llanto de un bebé. El sonido era tan peculiar, el lamento era tan agudo que penetraba mis oídos, y el dolor se podía distinguir claramente. Me apresuré a buscarlo y encontré a una madre con desnutrición, amamantando a un pequeño al que apenas podía sostener en sus brazos. La mujer, al verme, sus ojos se llenaron de lágrimas y me dijo: "Por favor, necesito alimento y medicinas para mi hijo. Se me está muriendo. Ya mis senos están secos y no puedo alimentarlo. Venimos desde Honduras y hemos estado muchos días en la travesía". La escena parecía sacada de una película, pero era real. Este es un cuadro repetitivo durante los últimos años en la frontera de México con los Estados Unidos.

Vivir junto a ellos en estos momentos te hace sensibilizarte ante el dolor de tus semejantes y el corazón se parte en mil pedazos mientras que el deseo de servir se multiplica.

He escuchado a tantas personas decir, "solo pedimos una oportunidad de un mejor futuro", como también he escuchado que no se permitirá más el ingreso ilegal de personas a los Estados Unidos por parte de las autoridades de la ley. Ambos tienen sus razones que validan.

Lo que puedo constatar es que, efectivamente, muchos de ellos emigran por continuar una vida mal intencionada, mientras que la gran mayoría lo hace con el único propósito de VIVIR EN LIBERTAD para construir un futuro en el que sus familias experimenten el fruto de un esfuerzo producto de su trabajo. En donde los días les permitan crear un ascenso permanente, en donde se pueda tener un sueño placentero y un despertar lleno de esperanza, en donde la dignidad no sea exclusiva de unos cuantos y en donde la igualdad de oportunidades sea un derecho inequívoco. Estas características fueron pronunciadas por el matrimonio que atrajo mi atención y por lo que me motivó a relatar su historia de lucha constante y éxito como grandes empresarios ayudando a los más desvalidos.

*'Lo que uno ama en la **INFANCIA** se queda en el **CORAZÓN PARA SIEMPRE**'.*

Jean-Jacques Rousseau

"Mi niñez", cuenta Abel Ayala, "fue feliz. No sabía que era pobre. Mis padres eran campesinos y éramos una familia grande de siete hijos, yo era el tercero de ellos. Nuestra vida era muy tranquila, y como no conocíamos lo que había más allá del campo, no podíamos imaginar la ciudad. Ahí, el aire era limpio, el cielo era para nosotros y las estrellas podíamos verlas como nuestro techo. El calor del hogar nos abrazaba, y de comodidades superficiales, no sabíamos nada. Lo más cómodo que teníamos eran los momentos de convivencia familiar. Mi padre encontró una forma de mantenernos entretenidos cuando el alboroto de nuestra infancia invadía la paz que buscaban tener. Nos contaba historias tan interesantes de un libro que se había encontrado tirado, ajado y sucio. Esas historias o cuentos, como decía, se convertían en grandes enseñanzas para todos. Ahora sé que se trataba del libro más importante de la historia: LA BIBLIA, aunque él no lo sabía. La simplicidad en la que nos encontrábamos era tal que el libro de la vida estaba en sus manos, un gran tesoro que ahora atesoro", agrega Abel.

"El alimento diario era escaso pero suficiente para caminar al menos cinco kilómetros y de ahí tomar un camión de pasajeros para poder llegar a la escuela. El frío o el calor teníamos que sortearlo con la precaria indumentaria que teníamos. Sin embargo, eso no afectaba, recuerdo con alegría esos momentos. La semilla estaba sembrada en mí, el recorrer del calendario", dice Abel, "era rápido. Aprendía lo necesario en la escuela, no obstante, mi desempeño no era del todo excelente. Me preocupaba más divertirme que estudiar, como para el grueso de los jóvenes, agrega, sonriendo discretamente. Mis primeros años de estudio fueron, digamos, despreocupados. Cursé mi primaria y secundaria sin novedad sobresaliente. Al término de esta busqué la forma de seguir estudiando en la gran Ciudad, como le llamaban a la Capital del Estado, Irapuato, Guanajuato. Con mis escasos catorce años, fui a inscribirme. Al transcurrir de los días y en un ambiente tan diferente al acostumbrado", comenta Abel, "la atención no era precisamente para las clases, haciendo una pausa, agrega, me fue muy mal, tan mal que no aprobé ninguna materia. Nada motivador para comentarlo, pero fue una verdad".

> *"Las personas que **ATACAN TU CONFIANZA** y tu autoestima son conscientes de **TODO TU POTENCIAL**, incluso si tú no eres consciente."*
>
> **Wayne Gerard Trotman**

"Los directivos hablaron conmigo y me dijeron que no siguiera más, que no podía y no quería estudiar. Esa llamada de atención y el decirme "NO PUEDES" fue el primer choque interno de mis apenas escasos años. Eso me hizo tomar uno de los libros más complicados de matemáticas, y lo leí detenidamente, logrando entenderlo todo. Todo, Dalia", me repetía. "Llegado el momento, pedí participar en la clase y, para asombro de mis compañeros y del mismo profesor, me permitieron hacerlo. Ante las burlas que yo me había ganado por mi proceder, logré resolver las ecuaciones más complicadas. Desde ese momento en que el reto estaba superado, eso se convirtió en mi deseo constante de desafiarme a mí mismo. Logré salir con honores de la escuela preparatoria para irme a estudiar a la Ciudad de México la carrera de Físico-Matemático".

La actitud de Abel, a su corta edad, mostraba que nadie tiene el poder de decidir quién eres. Por el contrario, el acoso o la burla deben tragarse, digerirse y desecharse. Las emociones no son más que eso, estados anímicos provocados por el entorno y que sirven de detonantes para alcanzar objetivos bien definidos, encontrándolos justo dentro de él.

Estos momentos que de pronto lo avergonzaron lo llevaron nuevamente a recordar las múltiples historias de vida de ese libro viejo de su padre, empolvado por el tiempo, quizás abandonado por alguna persona que no supo apreciarlo, y terminaron ese día en sus manos, tatuándose cada párrafo en su corazón y en su mente, haciéndole eco día con día.

Abel cuenta que, mientras estudiaba, la inquietud de poner en práctica lo aprendido le ganaba, uniéndose a jóvenes que comenzaron un movimiento que atraería dinero, mismo que utilizarían para investigaciones nucleares. La iniciativa de los jóvenes en ese tiempo resultaba subversiva, generando agitación y disgusto entre las autoridades escolares.

Abel, nuevamente estaba en la mira. La persistencia en las innovaciones que desde entonces lo caracterizaban y no lo dejaban descansar, tanto que obligó su expulsión de la universidad. No obstante, logró integrarse a otra universidad en la misma ciudad.

La mirada de una mujer lo alentaba, el brillo de sus ojos no le daban tregua. Recién la había conocido, su frescura y bondad lo atrapaban. Martha, una joven hermosa, tímida, con grandes convicciones y una fe inamovible, lo alimentaba a diario a través del conocimiento del libro de la vida, apoyándolo siempre. Ella era su catalizador, la que escuchaba los planes de un joven inquieto, visionario y con ganas de tener el mundo en sus manos.

El deseo de una familia junto a ella le impulsó a terminar su carrera. Martha, criada en el seno de una familia numerosa con un padre que no coincidía en su decir con el actuar, jactándose de ser religioso y espiritual pero duro en su proceder, frío en su trato. Siempre la mantenían un tanto tímida y poco expresiva. Su padre, cuenta Martha, era un hombre próspero en los negocios.

Con el paso del tiempo, cuando el corazón busca refugio y los labios desean el sabor del amor, no hay más remedio para esa enfermedad. Fue así que comenzaron su relación.

Los días eran interminables, entre el trabajo, el estudio y el amor, Abel iba construyendo lo que dice lo ha mantenido en pie.

Y cuando todo parecía estar viento en popa, una mañana despertó con una fiebre tan alta que no podía controlarse, el cuerpo no respondía, el aliento le faltaba. Como pudo, salió de su habitación y llegó al hospital más cercano, de donde ya no lo dejaron salir.

Martha logró enterarse de lo que ocurrió y comenta que, por días, las plegarias no cesaban. Durante esos días, los ayunos y las oraciones eran la única forma de cambiar su futuro. Los diagnósticos no eran nada alentadores, ya que los doctores decían que su infección de tifoidea estaba muy avanzada y que los tratamientos no lograban hacerlo mejorar. Martha confiesa que tuvo miedo de que lo perdiera:

"La mañana del día 26, estando hospitalizado, pude ver cómo corrían las enfermeras hacia la habitación de Abel. No sabía lo que pasaba y me negaba a pensar lo peor. Intenté entrar al cuarto donde él se mantenía prácticamente en estado inconsciente y solo vi cómo entraban con una especie de camisa de fuerza. No entendía lo que pasaba y pregunté hasta el cansancio. De pronto, una de las enfermeras me dijo: 'El paciente Abel se levantó de la cama e intentó tirarse por la ventana. No sabemos aún lo que tiene, pero creemos que está afectado mentalmente'".

"Mi asombro fue tal que aún no lograba entender lo que ocurría. Un vuelco en el estómago me advertía el seguir en oración. No concebía que, estando inconsciente y sin poder moverse, pudiera desplazarse con tal rapidez e intentar semejante acto. Me mantuve por horas cerca de él mientras su mirada se dispersaba, tratando de recordar a detalle lo que había pasado. Las horas pasaban lentamente y la angustia me arrebataba la respiración".

"Cuando, luego de casi 24 horas, pude escuchar que Abel gritaba con una voz que estremeció el lugar: "Déjenme oír, quiero seguir escuchándolo". Mis dudas eran aún mayores y no lograba entender nada de lo que pasaba. De pronto, vi cómo los doctores desfilaban uno a uno en la habitación y salían con ojos de asombro. Me apresuré a preguntar qué sucedía, y mientras me ponía frente a ellos tratando de impedirles el paso, uno de ellos me dijo con una voz quebrada: 'Señorita, dice que escuchó una voz que deseaba seguir escuchando. Comenzamos a valorarlo y milagrosamente Abel está recuperado del todo. No encontramos nada extraño en su cuerpo, la fiebre cesó, sus exámenes salieron excelentes y no hay rastro alguno de la tifoidea'".

"Ese momento marcó mi vida y la de él", dijo Martha mientras tomaba mis manos con los ojos aún humedecidos de recorrer esos momentos que los desafiaron. Martha continuó con su relato y agregó: "Sabes, aun no podía verlo y conversar con Abel, pero sabía que Dios había actuado en su vida".

"Pasaron no sé cuántos días hasta que pudieron darlo de alta. Al verlo nuevamente en pie, mi vida tuvo otro sentido. Sin embargo, aún faltaba saber qué había pasado. Él estaba un poco aturdido y ansioso por conversar".

"El frío podía calar hasta los huesos, pero los brazos eran cálidos y llenos de amor, de ese amor de juventud que calmaba toda angustia y ahuyentaba todo miedo. Cuando por fin pude tenerlo entre mis brazos, le dije: 'Abel, dime, ¿qué pasó? ¿Por qué intentaste tirarte por la ventana?' De pronto, comencé a ver cómo sus lágrimas rodaban por sus mejillas para comenzar el relato de ese momento que pudo describir detalladamente.

"Yo, Abel, escuché claramente como una voz me dijo: 'levántate y ve qué hay detrás de esa ventana'. Mis fuerzas no me alcanzaban para al menos intentar levantarme, pero vi cómo me desprendí y lo hice. Vi claramente tres tumbas, cada una con un epitafio: 'Abel el indeciso', 'Abel el cobarde' y 'Abel el valiente'. Y la voz me decía: 'Tú no eres indeciso ni cobarde, eres valiente. Lánzate ahora'. Y Martha, en mi desesperación, lo hice. El vidrio no se rompió, pero el estruendo fue tal que las enfermeras corrieron a controlarme. Fue entonces que me ataron. Ahora entiendo que fue la voz del enemigo que deseaba mi muerte".

*"Mis ovejas **OYEN MI VOZ**; yo las conozco y ellas **ME SIGUEN**" (NVI).*

Juan 10:27,

"Entiendo esto así, Martha, porque después de unas horas pude escuchar una voz "hermosísima", potente, tranquila, con un eco tan marcado que resonaba en mi cabeza como si me encontrara en una cueva inmensa. A su vez, sentía como todo a mi alrededor se movía. Esa voz me repetía: 'Ten confianza en mí' y comenzó a mostrarme la película de mi vida. Martha, apuntó y dijo que nos casaríamos, que tendríamos cuatro hijos, me dio el orden en que nacerían, el sexo de nuestros hijos. También me dijo que una de nuestras hijas moriría, que terminaría mi carrera, que tendríamos una vida próspera, negocios donde pondríamos el pan en la mesa de mucha gente. Pero también sortearíamos obstáculos grandes, muy grandes, que podríamos ayudar a los más desvalidos, daríamos empleo a decenas de personas y que viviríamos en el país del norte de México. Conoceríamos Su palabra y que ese conocimiento impactaría la vida de mi familia. Yo quería seguir escuchando esa voz que me infundía ánimo y vida, pero fue imposible".

Mientras yo escuchaba al matrimonio revivir esos momentos, mi piel se erizaba, los ojos de ambos brillaban de una forma distinta, las lágrimas asomaban llenas de emoción al remover el pasado que ahora entienden. Ese episodio cambió el rumbo de ambos. La incredulidad dejó de existir en sus vidas, y fue el punto de partida para lo que dicen tener el deseo de conocer la palabra que da vida y vida en abundancia. Comenzaron entonces a escudriñar la BIBLIA y reafirmar la existencia de Dios.

Así, con el corazón henchido de fe y la sanidad que le habían regalado, con la película de su vida descrita por Dios y con mil proyectos por hacer, Abel terminó su carrera de electromecánico. Martha ya aguardaba en su vientre un bebé, el fruto de ese amor que comenzaba a florecer. "Y aunque leí la Biblia de principio a fin, te confieso que", comenta Abel, "no entendía nada. Sin embargo, me daba fortaleza para seguir".

Tal como aquella voz llena de paz le había augurado, la necesidad de crear un futuro seguro para la familia daba vueltas en la cabeza del padre. Fue entonces que inició un negocio de rebobinado de electrodomésticos, que solo le ofrecía trabajo, pero no muchos dividendos. Un día le llegaría esa llamada que le cambiaría el rumbo de su vida, y en medio de una tarde de un invierno frío y lluvioso, le pidieron que fuera a arreglar un cuarto frío de una panadería.

Abel tomó sus herramientas y acudió al lugar. Al llegar, pudo observar un negocio bastante austero. Sin embargo, el gran movimiento de personas que entraban y salían llamó su atención, tanto que dice atraparon mi concentración. Abel se tomó unos minutos para mirar detenidamente lo que ocurría, cuando de pronto comentó: "No podía creer la gran cantidad de dinero que entraba", y continuando con su relato, dijo que "el dinero no cabía en las bolsas en donde lo resguardaban. Mis ojos no daban crédito a lo que veían, eso me motivó a conocer ese negocio". Abel sin darse cuenta, ya habían pasado unas horas, y el trabajo sencillo que estaba contratado a realizar no lo había terminado. El tiempo se le había consumido, y dice, se le hacía tarde para planear el negocio que desde ese momento deseaba tener.

Después de pronunciar esta frase expresada por Abel con tanta vehemencia, que puede ver en los ojos de este buen hombre un dejo de añoranza, de alegría disfrazada, de palabras entrecortadas, el joven soñador y emprendedor de aquel entonces era hoy el mismo, pero ya en los sesenta años. No con el mismo aspecto físico, pero con el mismo brío para seguir corriendo el maratón de la vida, conociendo ahora los recovecos de las brechas que obstaculizan el camino y que en ocasiones dejan huellas imborrables en el alma, que cuestan olvidar.

Abel, durante el camino a casa, iba visualizando por dónde comenzar. Platicó con Martha, su compañera inseparable, y Abel dijo ella, "Oraré para que Dios te dé sabiduría y favor", convencido de que conocer el negocio era la clave para comenzar, comenzó a indagar entre los que se dedicaban al ramo.

En México, en los años 80, el ramo de la panadería tomó un gran auge, implementando incluso dentro de los centros comerciales, modalidad que tuvo un éxito total. Una peculiaridad tenían: en su mayoría eran de personas de origen español. Cada vez que él intentaba conversar del tema con expertos en esa materia, solía encontrar desplantes y burlas. Decían que ese negocio no era para mexicanos, que no soñara, pues "nunca lo lograrás". Nuevamente, Abel se encontraba con el reto frente a él.

Con la idea fija en su mente y un año después, con el poco dinero que tenía y las muchas ganas de emprender, lo que atesoraban como su próxima meta, compró su primer equipo de trabajo e inició a armar el rompecabezas de su precario negocio de pan. "No sabía nada de la elaboración del pan, mucho menos de la administración de un negocio de este tipo, pero yo sabía que era mi deseo probar ese mercado". Terminó diciendo Abel.

Con las manos entrelazadas, forzaba la memoria a recordar esos difíciles momentos en que el hambre duele en el alma y la necesidad te hace elevar el vuelo. Martha, su esposa, interviene entonces con su voz suave y entrecortada, "Yo ayudaba con la herramienta más poderosa, oraba todos los días, comíamos solo arroz y frijoles para ayudar en las finanzas. De lo poco que había, compartía con aquellos en la punta de la montaña, por donde vivíamos, que no tenían para comer. Era para mí una forma de ofrendar a Dios y buscar su misericordia. Y sabes asegura, eso es siempre del agrado de Él".

Comenzaron esos primeros días, un tanto complicados, pero nuevamente con la fe firme en aquella voz que en algún momento le dijo: "Yo estoy contigo". Abel y un trabajador eran su plantilla laboral. Para él no había noche ni día, y cuando dice: "El amor y la pasión se impregnan en lo que haces, eso se huele y se saborea".

Capítulo III: Agradece, da y se te multiplicará

"La forma de empezar es dejar de HABLAR y empezar a HACER".

Walt Disney

Luego de unos días, la panadería Santa María comenzó a ser uno de los negocios más socorridos de esa colonia enclavada en un punto de la Ciudad de México. Cuanto más se esforzaba en la producción del pan, más aumentaba la cantidad de gente que acudía. Después de unos meses, la gente se enfilaba para entrar, logrando producir 22 mil piezas de pan al día, elaboradas de forma convencional. Ahora, lo que "amasaba" eran grandes cantidades de dinero. De un negocio tan modesto, salió para comprar el edificio y algunas tierras contiguas a esa entonces precaria panadería.

"Dalia, la bendición llegó, y se multiplicaron mis negocios. Vinieron a mí personas que se dedicaban al mismo ramo, uno de ellos en particular, quien dejó un gran impacto en mí. Era un español que lograba en la época de los 90 ser el magnate en el ramo, con un gran número de puntos de venta en el mercado del pan dulce a nivel nacional. Era un hombre muy inteligente que buscaba afanosamente la expansión y la reducción en su negocio del recurso humano. En muchas ocasiones recuerdo, que me insistía en que lo fuera a visitar en sus instalaciones, para que observara sus procesos y, confiado, solía decir: 'Nadie me superará en la rápida producción y expansión comercial'. Yo no lograba entenderlo".

"Cierto día acepté la invitación y lo acompañé. En cuanto abrí las puertas del punto de fabricación del producto, pude ver una maquinaria monstruosa. La pregunta subsecuente fue: "¿El personal?", a lo que apuntó firmemente. "No, Abel, eso se tiene que suplir. Esta maquinaria produce lo que produciría un grupo de 100 personas. Debes modernizarte y buscar la tecnología que avanza a pasos agigantados, y te dará la posibilidad de crecer de igual forma y posicionarte. Esta será la mejor recomendación para tu expansión inminente". Pero cuesta mucho, a lo que me respondió: "No más de lo que tú vales".

"Mientras continuaba la conversación, yo, Abel, me llenaba de confianza, de seguridad, y me fui perdiendo en el favor que Dios me entregaba a manos llenas".

"El ahora señor Abel, empresario acaudalado, no siguió las recomendaciones de quien intentaba impulsarlo. Compré propiedades, abrí múltiples panaderías, invertí en algunos otros bienes raíces, los bancos me prestaban para invertir sin reparo. Nunca imaginé lo que estaba por venir. 'La devaluación histórica en México'".

*"El fracaso es una **GRAN OPORTUNIDAD** para empezar otra vez con más inteligencia".*

Henry Ford

"La moneda nacional se resquebrajó. Ahora lo que debía se multiplicó y fui perdiendo una a una mis panaderías, mis propiedades. Parecía que una nube negra se establecía sobre mí. La falta de precaución financiera provocó prácticamente mi ruina, y comencé a ver que, con esto, los amigos también se iban. Fue entonces que con unos cuantos pesos en la bolsa y las oraciones que no cesaban, tomé la decisión de, junto a mi familia, comenzar a explorar otros horizontes".

Capítulo III: Agradece, da y se te multiplicará

"Y emprendimos el viaje hacia la frontera, recorriendo varias ciudades en el vehículo en medianas condiciones que nos había quedado, con el propósito de ver el movimiento en los negocios del pan dulce y establecernos en una ciudad en donde pudiéramos comenzar de nuevo. El ver a tu familia confiada en ti te saca fuerzas de donde parece que ya no hay. Te saca lágrimas de donde parecía que no brotaban y te dobla las rodillas, pese a querer permanecer erguido. Y ahí en el suelo, nuevamente, clamas y Dios escucha".

"Luego de recorrer varias ciudades fronterizas, decidimos establecernos en Reynosa, Tamaulipas, una ciudad que, en los años 2002, ya con cuarenta años, con mi esposa y con cuatro hijos, dos mujeres y dos hombres, Isaí, Evelyn, Abel y Jessica. Aquí me di nuevamente la oportunidad de hacer remembranza de aquel momento en que, postrado en la cama, escuchaba aquella voz potente, agradable e insistente en que me decía: "Ten confianza en mí". La mujer con la que dijo me casaría venía conmigo y los cuatro hijos que me dijo tendría, tal como lo profetizó. Sin embargo, recordé que también me señaló que perdería una hija, la segunda en concebir. Traté de anularlo de mi memoria y me enfoqué en la frase que prometía protección, confianza y amor. Lo que infundió desde entonces el deseo de conocerle más y transmitir su palabra y servir, cosas elementales que había estado olvidando".

Abel retomó el rumbo y comenzó por segunda vez a leer la Biblia, encontrando aliento y palabra de vida. Dice que, a diferencia de la primera vez, ahora lo entendía todo. Cada frase, cada versículo, le dejaba una enseñanza por practicar.

"Un día, convencido de que Dios estaba conmigo, comencé a recorrer las calles de la Ciudad de Reynosa, Tamaulipas, México donde habían decidido anclarse. Vieron el gran mercado del calzado deportivo como una fuente de ingreso y la poca competencia informal. Se dieron a la tarea de, junto a su familia, establecerse en los cruces de avenidas clave de la ciudad. El que era un gran empresario, Abel, ahora se mostraba vulnerable vendiendo en los semáforos de la ciudad. El orgullo y la vanidad lo dejaron guardado en la cajuela del auto y comenzaron de cero".

Bastaron solo unas semanas de dedicación y oración para que el tráfico se detuviera para buscar el producto. Lograron vender hasta mil pares de zapatos deportivos al día, provocando la ira de quienes vendían el mismo producto. "La maldad, la envidia y el egoísmo", dice Abel, "son sentimientos que destruyen a las personas y provocan daño a quienes buscan alcanzar un nuevo nivel de vida con el trabajo honesto de sus manos". Eso ocurrió con nosotros, nuevamente, esa nube negra se sobrepuso.

"Un día nos robaron el vehículo con toda la mercancía dentro. Lo encontramos dentro de las aguas de un canal. Habíamos nuevamente perdido un gran negocio, solo nos quedaban unos cuantos ahorros que habíamos logrado hacer", recuerda Abel.

"Pero cuando nuestros días están marcados por Dios, te da nuevas oportunidades y aprendizajes duros de procesar, pero que sirven como grandes lecciones y te preparan para la prueba siguiente, convencido", afirmó Abel.

A lo largo de mi carrera como periodista, he visto la historia detrás de la vida de muchas personas que a diario tengo la oportunidad de conocer. He aprendido a esperar con ansias y gran expectativa el día siguiente porque siempre trae consigo nuevas lecciones de vida. Y esta conversación con Abel me recordaba que la queja es la forma más fácil de evadir las circunstancias, deteniendo el progreso y son los pretextos perfectos para postergar los sueños. Cada tropiezo es un obstáculo para llegar a la meta propuesta, disfrazados de propulsores para elevar el vuelo que jamás debes dejar, y si caes en el intento no importa porque la emoción de intentarlo lo viviste. Al final del día, el vivir es hoy, el morir será quizás mañana.

Esta forma de ver la vida me conmovió. La larga conversación que tenía con Abel y su esposa Martha me mostraba que cada minuto que narraban estaba lleno de convicción y enseñanza en carne viva.

Días después de la pérdida del negocio ambulante de zapato deportivo y de oración, llegó la oportunidad de rentar una panadería y cafetería en el centro de esa ciudad, en donde al menos dos mil personas circulaban al día por la avenida principal, y aceptó la propuesta.

*"Las dificultades dominadas son **OPORTUNIDADES GANADAS**".*

Winston Churchill

Comenzaba un nuevo reto. Por semanas, se empaparon del negocio y comenzaron los días de bonanza. Tanto que el lugar se abarrotaba a diario. Por varios años, la familia Ayala vio la estabilidad esperada, la fuente de empleo que deseaban ofrecer, y todo parecía viento en popa. Sin embargo, la vida les traería una nueva prueba.

En Reynosa, Tamaulipas, enclavada en la frontera con Hidalgo, Texas, en EE. UU., se registró un crecimiento informal desmedido. El área comercial creció considerablemente de los años 2000 al 2010. El sector maquilador acaparó gran parte del desarrollo económico, con el Tratado de Libre Comercio entre México, Estados Unidos y Canadá. La ciudad con dos de los puentes internacionales más importantes de la frontera con Estados Unidos la hacía aún más interesante y próspera. No obstante, también fue blanco de grupos del crimen organizado que intentaban apoderarse del territorio como uno de los puntos más importantes del tráfico de narcóticos y armas de fuego. Esto atropelló el bienestar de la comunidad de esta noble ciudad, en donde lo mismo se podía caminar de día que de noche, en donde las familias acudían a los parques públicos a cualquier hora, y el ambiente que se respiraba era de desarrollo económico a pasos agigantados.

Fue alrededor del 2008 al 2010 cuando los grupos armados comenzaron a cambiar la historia de esta provincia, en donde la libertad de sus residentes fue cada vez más restringida. La inseguridad rebasaba a las autoridades, y los empresarios comenzaron a verse sometidos a las exigencias impunes de los líderes de estos grupos delictivos, poniéndose tarifas mensuales y sin oponer resistencia, pues era eso o la muerte.

El café que le había dado la estabilidad por casi nueve años ahora se convertía en punto de temor al enemigo que acechaba muy de cerca.

"Fue un día en que todo parecía normal. Llegaron seis jóvenes al prestigioso café de Abel y sin más lo sometieron a una cuota ilegal para seguir operándolo sin opción a rechazo. Así comenzó la cuenta regresiva de la prueba siguiente. Todo estaba bajo la lupa de personas sin escrúpulos. La privacidad ya no era tal, todo lo que amaba estaba en la lista de quienes querían apoderarse del esfuerzo que por años habían creado. Abel, con voz pausada y triste comentaba que fue una temporada en que la inseguridad comenzó a apoderarse de la ciudad. Las personas dejaron de reunirse en lugares públicos, las balaceras ya no eran solo entre el crimen organizado, los enfrentamientos eran cada vez más comunes y cientos de civiles morían en enfrentamientos cruzados entre bandas opuestas. Las calles comenzaban a verse solas tan pronto caía la noche, y los negocios entonces prósperos se veían solos. Las puertas de ellos comenzaron a cerrar. Fue un momento crítico en la vida empresarial de esa ciudad. Abel a quien le podía observar un dejo de lamento en sus palabras, y sabes que cuando la amenaza llega a tocar tu puerta es cuando ves la vida de una forma distinta. Un suceso duro estaba por pasar, y eso fue lo que me obligó a salir a buscar la paz y, nuevamente, otro proyecto de vida".

"Fue una noche de verano en la que llegaron mis dos hijos varones, con los ojos desorbitados, llenos de lágrimas, y corriendo a abrazarnos nos dijeron: 'Logramos que nos dejaran en libertad'. Esas palabras rompieron la posibilidad de quedarme a luchar en ese lugar. Sus cuerpos temblaban, sus rostros mostraban golpes y sus voces pedían protección. Habían pasado algunas horas de haber sido secuestrados, su libertad se había visto atropellada y sus vidas amenazadas. Ambos hijos lograron convencerlos de que no eran las personas que buscaban y, luego de tenerlos bajo presión y violencia, los liberaron. Dalia apuntó: 'Abel, nuestras vidas debían cambiar', y volvimos a México por un tiempo."

"En la vida siempre hay un antes y un después, momentos de escasez y momentos de abundancia, momentos de acción y de reflexión, de éxito y de fracaso, que son el punto de partida para la dimensión que estás a punto de conocer."

Este fue el caso de este personaje a quien hoy traigo a consideración y cuya referencia puede ser la punta de lanza para quien está leyendo este capítulo, en donde los momentos difíciles o de ahogo sirvieron para levantar la voz y resurgir con nuevos bríos y alas nuevas.

Abel dejó a su familia en donde habían comenzado su vida matrimonial, donde se sentían seguros en la Ciudad de México, y voló nuevamente para abrir camino en otro país, ahora hacia los Estados Unidos, donde contaría únicamente con los deseos de encontrar una oportunidad para volver a empezar. Con el dolor de no tener a su familia y con las desventajas que todo extranjero tiene cuando llega a otro país a abrir brecha.

Así comenzó una nueva aventura llena de altos y bajos y una desgracia irreparable que marcó la vida de esta familia emprendedora, a quien el éxito les ha dolido cada vez que lo tenían en sus manos. Sin embargo, las lecciones los han hecho cada vez más fuertes y ahora, más que nunca, deben estar unidos.

Ese hombre recio y positivo, con sus sueños bajo el brazo, comenzó a recorrer nuevamente la ciudad que lo cobijaba, una provincia del sur de Texas. Y recurrió a una persona a quien le había rentado aquel café en la ciudad de la frontera de donde había tenido que huir de las garras de grupos de hombres criminales que los asediaban.

Inició en sociedad y volvió a retomar bríos para impulsar y lograr que esa panadería a la que había llegado se convirtiera en la oportunidad de reunificar a su familia.

"Por las mañanas era una rutina constante y a marchas forzadas en la atención del lugar, la elaboración del producto que ya había aprendido a realizar, y la gente que llegaba a comprar eran para mí amigos a los que debía satisfacer, porque de eso dependía el crecimiento. Llegaban las noches y exhausto preparaba mi descanso en el mismo lugar donde trabajaba, en una esquina del establecimiento, y un cartón de una caja de huevos era mi recámara, donde noche con noche oraba y establecía el siguiente paso. Había días en los que el frío recorría cada uno de mis huesos, pero el calor de los recuerdos de mi familia me abrigaba".

"Y es que cuando surge un deseo, se atesora, se ama, se abraza, se respira, se visualiza, y se persevera en él. Después, comenta Abel, se acciona todos los días hacia él, sin desenfocarnos del objetivo hasta convertirlo en realidad. A pesar de los días agotadores, donde el cansancio no existía y lo mismo era lunes que domingo, en donde el anochecer era casi inmediato, las horas no le alcanzaban para cada día cumplir con sus diligencias y agregar un ingrediente más en sus actividades. Lograron que ese negocio se volviera todo un éxito, tanto que se vieron en la necesidad de abrir nuevamente otra ubicación, y meses después una tercera panadería. Su sueño estaba cada vez más cerca".

Fueron dos años de oración, persistencia y trabajo arduo junto a dos de sus hijos, Isaí y Abel, que de pronto venían hacia él para ayudarle en esos días de intenso esfuerzo. Eso ayudó a provocar el resurgimiento del Abel empresario, mientras su amada esposa Martha aguardaba su reencuentro.

De pronto un día, nuevamente la inquietud se asomaba en su vida, una demanda estaba en su contra, los dividendos ya no eran suficientes para quien lo había invitado a hacer crecer esta empresa y el negocio se veía rodeado de patrullas, gente desconocida y los trabajadores que como parte de su familia estaban siendo intimidados y ante sus ojos estaban saqueado el mayor punto de venta.

Ante sus ojos los agravios trataban de ponerlo contra el piso, mientras veía como el esfuerzo de todos los que había colaborado en el proyecto se venía abajo, un tribunal lo esperaba.

"Es peor cometer una injusticia que padecerla porque quien la comete se convierte en injusto y quien la padece no".

Sócrates

"La mano de Dios, —dice Abel—, está en todo. Me quede con las manos vacías, en un país extraño, con mis deseos de reunificación familiar a cuestas y con un hueco en el estómago. Dejé que el momento desagradable pasara, los momentos de soledad nuevamente se instalaban junto a mí, donde no hay cabida para los argumentos benévolos, donde la realidad es cruda y el frio nuevamente te deja sin hablar. Pasaron noches sin dormir, días en vela en donde buscaba un halo de luz que me diera la pauta a seguir. Recurrí a aquel viejo libro que mi padre había encontrado y que con afanoso interés recorrí una vez y otra vez y que comenzaba ahora a entender; sin embargo, nada respondía a mis inquietudes y mis preguntas. Luego de varios días en la penumbra de un futuro incierto, donde el enemigo podía hacer presa de las voces que te llevan incluso a no creer en ti, rechacé cuantas veces pude lo que escuchaba y recordé nuevamente aquella voz que me dijo, "Ten confianza, no te dejaré", y me aferré a esas palabras. Una mañana salí y me encontré al hombre que nos había permitido instituir uno de los establecimientos y me dio su confianza para iniciar de cero, o quizás menos que eso, sin dinero, sin equipo para operar, pero con las ganas de hacerlo. Abel recuerda las palabras del arrendador diciéndole, "ocupa este otro espacio y no pagues hasta que puedas".

Todos los trabajadores mostraron su aprecio y lealtad y lo acompañaron a esas frías audiencias en donde solo se respiraba frustración y dolor.

"Por varias horas nos mantuvieron resguardados en un cuarto tan frío que parecía el refrigerador donde conservan los cadáveres. Estando ahí, en espera de nuestra presentación, se escuchó el toque insistente de quien parecía desesperado por hablar con el Juez que se encontraba en espera de su siguiente caso. Al escuchar lo ocurrido, se levantó visiblemente molesto, y preguntó quién había sido. Mi demandante estaba desesperado por iniciar la audiencia y su presumible irreverencia provocó el descontento del juez, quien solo se limitó a indagar quién había tocado la puerta de esa forma y, volteando inquisitivamente, me señaló, pidiéndome la razón de mi estancia, para después preguntar: "¿Qué hace toda esta gente aquí?" "Su señoría", dije, "vienen a apoyar mi petición; son tres tiendas. Solo pido que mi demandante se quede con la mejor de ellas y las otras dos me las deje; o si la persona prefiere, se quede con las dos y me deje la mejor a mí para seguir operando. El juez, analizando mis palabras, extendió su mano y me dijo: "se concede la petición".

El abogado encargado del caso de Abel lo fortalecía. El Juez de Paz le cedió los dos establecimientos que carecían de todo, el mejor de ellos fue cedido a la persona que lo demandaba.

"La mano de Dios nuevamente estuvo ahí", reafirma Abel. Terminó un problema legal; sin embargo, había que redoblar esfuerzos para reiniciar lo que le habían otorgado.

El dinero en ese momento escaseaba, a pesar de ello los retos han sido parte de la vida de Abel, y aunque se disponía a trabajar sin descanso, los días pasaban tan rápido como agua entre las manos. "Cada noche era una plática cada vez más interesante entre Dios y yo", agrega Abel. "Me despojaron de lo que habíamos logrado edificar. Su voz es inconfundible y su guía siempre había sido la mejor pauta. Luego de una larga conversación, dormí esa noche profundamente en mi improvisada recamara en una esquina de la panadería.

"Cierto día, un amigo que se dedicaba al mismo ramo, enterado de lo sucedido, me infundió ánimo para resurgir. 'Abel', me dijo: 'No te dejes vencer, yo te prestaré una máquina algo vieja revolvedora de harina, pero te servirá, y te llevaré una mesa de apoyo para que comiences'"

"La alegría con la que se despidió de esas herramientas me llenó el corazón, y no podía dar marcha atrás. Un nuevo desafío se asomaba."

"Cuando una puerta se cierra, otra se abre."

Miguel de Cervantes

"La tarea no era fácil, pero la visión era grande, y así inicié una nueva aventura a la que pronto se sumaron varias personas. La pasión que le impregnamos a la elaboración de nuestro producto hacía que el sabor ganara terreno entre la preferencia de nuestros consumidores, y en solo meses logramos llenar nuestros anaqueles. Los dos establecimientos comenzaron a crecer, conquistamos una vez más el paladar de nuestra gente, y por eso doy gracias a Dios."

"Todo parecía en relativa calma, los negocios crecieron, y las finanzas comenzaron a estabilizarse. Abel cuenta que una de sus hijas había logrado llegar a donde se encontraba, y eso lo llenaba de felicidad. Eran días colmados de trabajo y pláticas interminables con su retoño, quien sumaba sus esfuerzos al sueño familiar: llegar a los Estados Unidos y emprender el negocio que se les había arrebatado en varias ocasiones. Sin embargo, en ese momento, veía las cosas más claras; el trago amargo que habían pasado se transformaba en un dulzor diferente."

"La cuenta regresiva comenzaba para experimentar el dolor que traspasa el corazón y deja un hueco en el alma, en donde no le encuentras explicación alguna."

Las diligencias de Abel eran constantes en el próspero negocio que requería cada vez más recurso humano y provisión. Su esposa y algunos de sus hijos se mantenían a miles de kilómetros de distancia, aguardando el momento en que pudieran reunirse con él y su hija.

"Era una mañana maravillosa", dice Abel. "Recuerdo que cruzamos la frontera, mi hija y yo. La inseguridad en la frontera norte de México era extrema, por lo que, al igual que cuando ingresaban, trataban de salir. En esa ocasión, íbamos a comprar algunos suministros para nuestra panadería. Al regresar a los Estados Unidos, las autoridades consideraron revocar nuestro ingreso y nos pidieron que consideráramos otro tipo de visa. No podíamos creer lo que sucedía, pues esto representaría no poder estar en nuestro negocio que recién habíamos rescatado. El mundo se me nubló, mis pensamientos no tenían lógica, y no lograba encontrar soluciones."

Durante la larga charla con Don Abel y su esposa Martha, llegamos a los recuerdos que colmaron sus ojos de lágrimas. Sus voces parecían llenas de lamento, y uno al otro se tomaba de la mano. Podía ver cómo el revivir ese episodio de su historia les costaba tanto que no podían articular las frases. Martha cerraba sus ojos intermitentemente y comenzó el relato:

"Mientras yo los esperaba con tanta alegría, deseando abrazarlos, y es que habían sido días y meses de zozobra, de angustia, de frustración. Yo oraba todos los días por ellos, ayunaba, y Dios escuchó mis plegarias. Yo desde lejos trataba de economizar lo más posible para ayudar en las finanzas. Abel me dijo lo que había pasado, y yo sabía que nuevamente Nuestro Dios haría algo a nuestro favor. A veces se cree que Dios no atiende a nuestras peticiones, pero tengo comprobado que Él está presto para ayudarnos, por más grande que parezca el problema. Él es el hacedor de lo imposible."

*"No sabes lo fuerte que eres hasta que ser fuerte es la **ÚNICA OPCIÓN** que tienes."*

BOB MARLEY

Capítulo III: Agradece, da y se te multiplicará

"Pasaron unos días y Abel llamó a un amigo para que le ayudara a conseguir un abogado que pudiera solucionar el ingreso a los Estados Unidos. Con toda la esperanza puesta en encontrar una solución a la situación, se comunicó con él, y de inmediato le dijo: 'Espera solo unos quince días y podrás regresar, yo te lo aseguro'. Con las manos al cielo, agradeció Abel, dice la intervención divina. Tiempo suficiente para visitar a mi familia en México y decidí emprender su viaje junto a su hija, el esposo de su hija y su pequeña nieta. Las batallas habían sido muy desgastantes, la intranquilidad lo tenía agobiado, y la alegría de ver que le tenían una solución lo llenaba de energía para recorrer 3500 kilómetros. Cargaron el equipaje y salieron muy temprano. Íbamos felices; la conversación era interminable. Luego de nueve horas de manejo, el cansancio comenzaba a asomarse. Todos estaban muy agotados, y uno a uno, el sueño fue aquietando las voces. Yo, al volante, comencé a sentir una paz que me recorría el cuerpo, y el silencio venció mis ojos, cerrándolos por segundos."

"Cuando reaccioné, podía ver el asfalto a mi costado, y el rechinar de llantas me avisaba de que la muerte nos sorprendería. Un tráiler hacía añicos mi vehículo, y los gritos de angustia y miedo me ensordecían. Cuando el vehículo logró detenerse, como pude me salí y con todas mis fuerzas comencé a sacar uno a uno de entre los hierros retorcidos. El humo y el fuego que amenazaba con acabar con nosotros, saqué a mi nieta, la pequeña me abrazaba con los ojos de horror. No entendía lo que pasaba, la sangre le cubría su rostro, y mientras la dejaba a un costado, corrí a sacar a mi hija y su esposo. Les gritaba: '¿Están bien? ¡Respondan! ¡Están bien! ¡Por favor, respondan!' '¡Están bien, hija, responde, ¿estás bien? ¡Hijo, respóndeme, ¿estás bien?'" Y escuché: 'Sí, Abel, pero no siento mis piernas, no puedo salir'. Mi hija no me respondía. Fue un momento muy duro, muy doloroso, en donde quisieras que en segundos prestaran auxilio. Hija, por favor, respóndeme. Las lágrimas comenzaron a asomarse en Abel, jamás me respondió. Finalmente, la muerte nos había arrebatado la vida de mi hija. Casi sin aliento, logré sacar a mi yerno. Sus piernas no le funcionaban. El auxilio llegó. Mientras la vida de mi hija se nos fue en segundos".

"Tomé el teléfono que encontré entre la trágica escena y pude llamar a Martha, mi esposa. Al oír mi voz, alegremente me decía, 'Ya están por llegar, tengo lista la mesa para que comamos todos en familia'".

"Dalia, me tocó darle la estocada más dura a una madre, porque no hay título para estas pérdidas. 'Martha, no podremos comer juntos nunca más. Tuvimos un accidente en la carretera, nuestra hija murió instantáneamente'".

"Después de un largo silencio, los gritos desgarradores traspasaban la bocina. El dolor de Martha no era menor al mío. En solo segundos, me había convertido en quien provocó la muerte de mi niña, de la mujer que me había hecho abuelo, de la mujer que se había convertido en mi sombra, en mi apoyo, en la hija que Dios me había regalado, pero de quien Él me había avisado que perdería. Reclamé a Dios: '¡Por qué, Señor, ¡de esta manera!'.

"Después de esa llamada, perdí la noción del tiempo. Poco a poco fui abriendo los ojos, y ya estábamos en un hospital. Hubiera querido que fuera una pesadilla. Me resistía a aceptar lo que aún recordaba. Comencé a preguntar: 'Enfermera, ¿dígame cómo está mi familia?' 'Señor Abel, cálmese, pronto vendrán a informarle'".

"Entraron los doctores y dieron la noticia más terrible: 'Su hija falleció en la escena, su nieta está en condición estable, su yerno no tendrá movilidad en sus piernas'"

Cualquier ser humano que experimenta la pérdida de un padre o madre se convierte en huérfano. La persona que pierde a su esposa se le llama viuda o viudo, pero al padre o madre que pierden un hijo no hay título. Hay un vacío, una ausencia tan fría que jamás se vuelve a llenar. Es el arrebatar de tus manos a quien le diste vida, cuidado y amor, y cada hijo es tan singular que jamás puede ser reemplazado.

Abel y Martha, mientras contaban este difícil momento que aún les cuesta abordar, coinciden en que su hija se convirtió en un ángel para la vida de ambos y para sus hermanos, una fuente de energía. Fueron días y semanas difíciles. El despedir a una hija nunca es sencillo. "Saber que tu nieta estaba lastimada era una responsabilidad que debíamos atender, y más aún si su padre no podía valerse por sí mismo en el proceso de recuperación. Ahora, sin poder caminar, todo esto nos dolía en cada poro de nuestra piel. Todo tomó un rumbo diferente, y sentimos como si el dolor hubiera llegado para quedarse", comenta Abel.

"Luego de quince días del trágico accidente, recibí la llamada de mi abogado: 'Abel, tus documentos están listos para ti y para tu hija. Podrán ingresar a los Estados Unidos.' Fueron palabras que me aturdieron porque regresaría solo, pero eran buenas noticias en medio del caos que aún traía en mi mente".

Abel y Martha decidieron darse un tiempo considerable para ajustarse a la nueva vida sin Evelyn. Mientras oraban, Dios les reconfortaba para continuar el viaje de la vida. En este periodo decidieron donar una propiedad que aún conservaban de cuando decidieron salir de esa ciudad en busca de nuevos horizontes. Abel y Martha han sido testimonio de vida para quienes aún no han conocido de cerca a Dios. A lo largo de sus más de treinta y cinco años de matrimonio, han compartido la palabra de Él, han donado a las personas menos afortunadas ropa, comida, amor y esperanza. Esto es algo que los ha mantenido unidos y en donde, dicen, su favor les ha cubierto pese a las pruebas, grandes o pequeñas.

Esta vez no sería la excepción. La propiedad que les queda en su país decidieron cederla a un hermano de Abel, quien, a través de ellos, conoció a Dios y quien después entregó su vida, convirtiéndose en pastor. El predio se convirtió en el albergue de personas sin hogar y mujeres ancianas que están en el desamparo. Esta labor les dio un refrigerio a la vida del matrimonio Elías-Condado.

Dejando todo, Abel regresa a los Estados Unidos con el alma destrozada, con el recuerdo de ese trágico momento, del último adiós de su hija amada que quedará en el asfalto de una carretera. Todo permanece aún fresco en su memoria. No obstante, prometía unificar a la familia recurriendo a quien dice le ha dado las fuerzas para seguir: "Dios estuvo presente para darme la fortaleza, Dalia, que creí no tener".

"Regresé para quedarme en este país que nos ha abierto las puertas, y que, aunque hemos encontrado contratiempos, ahora puedo decir que Abel nos ha mostrado el rostro de alguien que lucha diariamente por alcanzar un sueño".

"Al volver, nada fue fácil. Era como reencontrarme con el negocio que había dejado en las manos de sus hijos Isaí y Abel, que de forma intermitente viajaban para verificar las operaciones. Sin embargo, comenta Abel, me sentía como una lápida sobre mí. Afortunadamente y después de varios años, la vida ha sido generosa".

"Fueron varios años en los que el día se me confundía con la noche. El cansancio comenzaba a asomarse, aunque mis fuerzas de pronto se agotaban, y mi corazón necesitaba el abrazo de mi familia. No podía desistir del camino recorrido".

"El dolor de la pérdida de mi hija se convertía en la fuerza que me levantaba cada mañana y me insistía en no flaquear. Mis objetivos eran cada vez más precisos a medida que las hojas caían. Así veía pasar los meses y no podía lograr reunir permanentemente a mi familia. Pero no hay imposibles para Dios, y lo posible lo perseguía todos los días sin descanso".

Cada periodo que Abel me iba narrando sobre su vida, lo trataba de vivir con la intensidad que sus palabras salían. Claramente podía ver que la fuerza de una persona se magnifica a medida que se sortean las dificultades, así como la grandeza de una persona se proyecta en las acciones que las vivencias te han dejado.

"La noche más oscura es a menudo el puente a la MÁS BRILLANTE MAÑANA".

Jonathan Lockwood Huie

"Con mobiliario prestado, con escasos recursos económicos y con la ayuda de Dios, fui nuevamente poseído por el paladar de la gente. Fueron casi dos años para lograr traer a mi familia a Estados Unidos. Fueron días sórdidos, noches de soledad y de comunicación permanente con mis socios, el que todo lo puede, el que me ha guiado y el que dirige mis negocios, 'Dios'. Esa voz suave que tranquiliza, que ama, de eso estoy seguro, afirma Abel con un gesto de certeza. Dice: 'Mis brazos se multiplicaron, mi visión se agudizó. El mundo, aunque era el mismo, parecía totalmente diferente. El calor de un hogar siempre abraza y te atrapa para colmarte de sueños y energía. Ellos, mi familia, estaban al fin conmigo'".

La llegada de su familia fue para Abel su catarsis para impulsarse. De una pequeña panadería en menos de dos años se multiplicaron a cuatro. "Dice en la Biblia, da y se te multiplicará, y eso lo tengo más que comprobado", me dijo con una mirada bondadosa ese hombre de temple tranquilo y cabello cano. "Mis momentos de escasez, de oscuridad, de dolor, miedos y frustraciones me han procesado hasta tanto que me dejaron sin aliento. Por eso, ahora finalmente logré ver a quien la necesidad no le permite ni respirar e inmediatamente le extiendo un tanque de oxígeno. Las heridas se sanan con amor y compasión".

Y cuando todo iba viento en popa de nuevo, comenzó el rumor primero de ese virus que amenazaba con extenderse y paralizar el mundo: Covid-19. Prometía lo que jamás se había visto: cerrar las puertas de los negocios. "Te confieso", dijo Abel, "que la incertidumbre se apoderó, no solo de mí, sino de los empresarios en general. Todos, sin excepción, debían obedecer. Seguimos todos los protocolos necesarios, y nuevamente el pliego petitorio para nuestro Señor Dios, el que todo lo puede, para que nuestro esfuerzo pudiera seguir llegando hasta los hogares de nuestra comunidad, y para poder seguir con la encomienda de apoyar a la casa hogar en México para niños de la calle y ancianas solas que hasta hoy han tenido comida y educación, gracias a la bendición que Dios les ha concedido".

Después, Abel hace una pausa, respira. "Fueron dos años en que la muerte nos acechaba, en que sobrevivía el que obedeció y creyó en que Dios es el que tiene la última palabra. El salir de este virus reafirma que estamos aquí con un propósito y que debemos encontrar nuestra misión. Es poder aportar a este mundo una mejor calidad de vida. En mi caso, procurar que mi familia y la de mis empleados estén bien, y que el producto que hacemos con todo el cuidado y amor sea de bendición en cada mesa a donde llegue, desencadenando una bendición en nuestro negocio que permita ser de bendición a quienes hemos cobijado". Y así, agrega, "en cada lugar donde te desenvuelvas, debes dejar una huella, un legado; ese es mi cometido, al menos el mío".

"Yo, Abel, puedo decir que el periodo de pandemia me hizo rectificar los planes y considerar un análisis de cada fracaso. Porque han sido errores, mismos que asimilé, aprendí más de ellos que del éxito mismo".

"Tan es así que me dio tiempo de proyectar una fábrica de pan con maquinaria alemana, con producción de miles de piezas por día, y que podrá ser subsidiada con nuestro propio capital. A la par, cerrar este año 2023 con al menos 18 puntos de venta, y la compra de múltiples bienes inmuebles. Eso es otra de las añadiduras que Dios nos ha regalado".

La expansión en cadena de los negocios de esta familia, liderada por este hombre hecho de carne y hueso, pero con un espíritu de guerrero, en el que dice que su fuerza interior no radica en su modo de vida, sino en su alimento espiritual, deja en claro que no basta con las buenas intenciones, sino con las buenas acciones y el esfuerzo permanente.

La historia de esta familia en particular está escrita en las páginas de este libro que se abre para ti como fuente de inspiración, en donde las vicisitudes terminan siendo el camino hacia el éxito de la mano de quienes amas, y en donde llegar a la cúspide junto a ellos es una prueba de que la unión y el amor hacen la fuerza.

"Abel", pregunté, "y ¿cómo le gustaría que lo recordaran? ¿Cuál le gustaría que fuera su epitafio?"

'Hombre valiente e intrépido, el amigo Abel.'

No es fácil ponerse un título así. Las palabras solo son palabras, pero cuando van acompañadas de acciones que lo validan, como es el caso de Abel Ayala, se convierten en una enseñanza de vida que llevó a una persona a mostrar su fragilidad y fortaleza en medio de la adversidad, de donde salió victorioso y con medallas en su cuello por cada una de las heridas sanadas que la batalla le dejó. Y hoy, junto a su familia, van en busca de una nueva guerra que seguramente ganarán. Y es que el éxito es solo para quien lo persigue.

Capítulo IV: De enemigo a mi mejor aliado, COVID-19

Capítulo IV

DE ENEMIGO A MI MEJOR ALIADO, COVID-19

 "Lo único que debemos temer es al miedo mismo"

Franklin Roosevelt

Recién iniciaba el 2020, los propósitos del año comenzaban a florecer, mis tareas diarias en el mundo de las noticias me permitían estar al tanto de lo que ocurría a mi alrededor. Al menos eso creía. Un día recuerdo bien que recién llegaba de un viaje prometedor de trabajo de mi hijo en Dallas, Texas. Me traía un hueco en el estómago, pese a que todo se veía bien, había algo que no terminaba de gustarme.

Era algo que en el ambiente se podía sentir. Recuerdo bien que durante el viaje pasamos momentos muy agradables y de añoranzas. Más de 30 años de no ver a algunas personas de mi familia y reencontrarme con ellas me habían llenado el corazón. Me reí tanto hasta que mi voz ya no se podía escuchar. Sin embargo, en el ambiente se respiraba algo extraño. Ese ambiente que he aprendido a percibir desde pequeña. Era un olor a miedo, enfermedad, desolación, incluso hasta la muerte.

Recién habíamos llegado a casa y comencé a desempacar, pero algo no me dejaba en paz. Luego de años de dedicarse uno al laberinto de la información, ese olfato de sabueso nunca falla.

Bastó encender el televisor para que el misterio de mi inquietud comenzara a tomar sentido.

El entonces Presidente de los Estados Unidos, Donald Trump, daba un discurso a la nación sobre un virus que mantenía en zozobra y aislada a la gente en China. Las personas morían colapsadas por el virus, sus pulmones dejaban de respirar, y lo que era peor, era extremadamente contagioso y no había nada que ganara su desalmada carrera en contra de la vida.

Poco se sabía de ese mortal virus. Recuerdo bien que veíamos tan lejos la posibilidad de que eso llegara hasta nuestros hogares. Nada más lejos de la verdad.

Comencé a indagar y pude ver cómo uno de mis colegas se encontraba en el epicentro de la crisis de salud por el entonces desconocido asesino silencioso, el COVID-19, en China.

Durante sus transmisiones, se le podía ver realmente preocupado, hablando de lo angustiante que era ver no solamente cómo estaban muriendo miles y miles de personas, sino también de la frustración y advertencia para quienes lo veíamos, era bastante significativo.

Mientras eso sucedía, los días transcurrían en nuestra vida diaria y nos rehusábamos a que la expansión de ese virus no pudiera ser contenida por una de las potencias más grandes del mundo.

En nuestra sala de redacción, mientras trataba de tocar el tema, recuerdo bien que mi Director me decía: "Será difícil que ese virus llegue a nosotros, Dalia. No digas lo que piensas porque podrías alarmar a quienes te escuchan."

Mi intención no era hablar por hablar, era plantear una posibilidad que, como comunicadores, sabíamos que ya estaba del otro lado del mundo, en otro continente, donde se estaba tratando de informar con los recursos posibles mientras el miedo se generalizaba, y la falta de alimento era ya un tema real.

Recuerdo bien que, mientras escribía las historias diarias que debía cubrir para nuestra edición informativa y tras ver lo que pronosticaban los expertos en salud pública, realmente conmovida, salí de mi isla de edición y, casi con lágrimas en los ojos, comenté a mis compañeros. Sabían que cada persona que muere por COVID allá en Asia y Europa la mantienen aislada completamente de su familia para evitar contagios, y si logra salir de su batalla, solo así volverán a ver a los que siempre amaron. Y si la pierden, su familia no podrá darle el último adiós, por el riesgo al que se exponen. Mis palabras causaban incomodidad, incluso enfado para algunos, o tal vez para otros sonaban ridículas y fuera de contexto.

Capítulo IV: De enemigo a mi mejor aliado, COVID-19

Yo insistía en el tema, intentando ejemplificar lo grave que estaba pasando y lo que muy pronto podríamos ver aquí cerca de nosotros, en mi afán de provocar esa curiosidad inherente de un reportero, ese amor y compasión hacia los demás. Pero tampoco funcionó.

La información de la expansión de contagios se difundió como pólvora. Iba ganando terreno en todas partes del mundo. El olor a muerte comenzó a sucumbir a las grandes ciudades. Los cercos fronterizos no eran suficientes para detener a ese asesino que acechaba a cuanto se le acercaba hasta aniquilarlo.

Todo lo que podía ver era lo vulnerables que éramos ante ese virus, que ni los países con los más grandes ejércitos podían derribar a ese enemigo. Sabían contra quién luchaban. No había ni un solo misil capaz de acabar con ese agresor, que no respetaba edad, ni raza, ni condición social.

Mi día comenzaba temprano, pero mi alineación con el departamento de noticias era poco después del mediodía. Reconozco que en medio de este mundo frágil y más cruel que grato de la información, siempre he dicho que mi plan diario y mis asuntos los hago yo, pero mi agenda la lleva mi Señor Dios. Él es mi Ejecutivo y el que determina mi brújula diariamente. Claro que con el respeto que me merecen mis colegas porque habrá quien aún no lo conozca y son controladores de sus tiempos. Para quien me conoce, sabe que mi itinerario del día es manejado por Él.

Las historias más interesantes podrían llegar a mis manos, pero terminamos con historias que desgarraban el corazón de gente que había pasado por momentos difíciles, y quizás el solo darles una palabra de aliento les alegraba la vida. El hablar de sus casos provocaba el apoyo económico de la gente, la reconstrucción de sus hogares en casos de tormentas, incendios o huracanes, o quizás encontrar un médico que aliviara sus enfermedades. Todo era posible frente a un micrófono, y eso siempre lo he tenido muy claro.

De pronto un día, mientras me disponía a trabajar diariamente, un 13 de marzo del 2020, pude escuchar la frase que nos dejaría perplejos. "EL PRESIDENTE DE LOS ESTADOS UNIDOS, DONALD TRUMP, DECLARA ESTADO DE EMERGENCIA AL PAÍS POR LA PANDEMIA DEL CORONAVIRUS."

Y así, de la noche a la mañana, nos encontramos en un momento nunca antes visto y solo quedaba resistir.

"Si estás atravesando el infierno, CONTINÚA".

Winston Churchill.

La movilización fue inmediata, el mundo ponía los ojos en nuestro país. Se declararon de inmediato las fronteras cerradas, los viajes no esenciales en los puertos de entrada se restringieron. Ciudadanos de los países vecinos temían regresar a sus lugares de origen y no volver a ver a sus familiares. La bolsa de valores bajaba, la gente se hacinaba en las tiendas de comestibles, abasteciéndose de lo que creía necesario para subsistir. Las conferencias de prensa comenzaban a prepararse en cada ciudad, en cada condado. Empleadores cerraban sus oficinas porque no podían cubrir sus gastos básicos. El mundo económico comenzó a colapsar, el miedo y la ansiedad comenzaron a cobrar vida en nuestro territorio, justo en un área anclada en la parte sur del estado tejano en los Estados Unidos, una réplica exacta en todo el país.

Capítulo IV: De enemigo a mi mejor aliado, COVID-19

La película dantesca que había puesto en la mesa de asignaciones días antes, que, aunque sonaba grotesca, comenzaba a verse reflejada en nuestras ciudades. Nada más triste que ver que incluso eso no lograba diluir el rostro indolente y soberbio de algunas personas y funcionarios de algunos condados de esta zona geográfica, y la incredulidad y resistencia a las medidas que se requerían de prevención sanitaria se asomaban entre los colegas. Mi mascarilla causó tanto asombro en esa junta que terminé por quitármela porque las miradas inquisitivas y escrupulosas casi acababan con mi vida antes incluso de que el COVID me sorprendiera.

Sin embargo, el rostro desencajado del Juez en turno me oprimía el pecho y me faltaba hasta la respiración cuando pidió apoyo en el combate contra ese desalmado enemigo que ni siquiera podían ver, que no podían meter a la cárcel, que ninguna arma era letal para él y estaba entre nosotros.

Cuando digerí lo que la máxima autoridad en ese condado señalaba, entendí la frustración ante la que nos encontrábamos, y desgraciadamente, todos éramos su presa.

Salí de esa conferencia deseosa de compartir la información, de correr a abrazar a mis hijos, a mis nietos, a mi familia, a mis amigos, a mis compañeros de trabajo y decirles que los amaba. Sentía que la cuenta regresiva para todos corría, el palpitar del corazón no cesaba.

Y aunque en nuestra labor periodística el ser objetivo, imparcial, valiente, ético y guerrero es el envoltorio diario de nuestra carrera, nunca a lo largo de mis más de 25 años de coberturas en múltiples historias en donde incluso amenazaron mi vida, nada me había trastocado las fibras más sensibles del amor fraternal.

Éramos vulnerables todos, cualquiera de nosotros podía sucumbir ante el enemigo silencioso de esta década.

Justo unos días después de esto, mil ideas me daban vuelta en la cabeza tratando de ajustarnos ante las actividades habituales porque esto no solo era necesario sino urgente. Mi sensación no era diferente a la de mis colegas, que ya comenzaban tímidamente a obedecer las recomendaciones de los expertos en temas de salud pública.

"Nada te turbe, nada te espante, todo pasa, Dios no se muda, la paciencia todo lo alcanza, quien a Dios tiene nada le falta, SOLO DIOS BASTA."

Santa Teresa de Jesús.

Cierto día, en camino a la oficina de redacción, manejaba yo por la autopista cuando logré ver a un hombre blanco por el carril de emergencia con una cruz a cuestas caminando sobre la carpeta asfáltica. La cruz de madera fácilmente pesaba el doble que él. El calor era tan intenso que sobrepasaba los 40 grados Celsius. Su agotamiento era evidente. Algo me atrajo poderosamente a él, y decidí regresarme. Bajé de inmediato en la primera salida que vi y di la vuelta a la autopista para localizarlo.

Era una necesidad extraña de escuchar el motivo de su esfuerzo, por no decir sacrificio.

Al ubicarlo, estacioné mi vehículo a la orilla del camino y corrí hasta él.

Y mientras yo me acercaba, él seguía caminando y no detenía su andar. Pregunté: "¿Qué te lleva a cargar esta cruz, en pleno verano, a 40 grados Celsius y en plena carretera?"

Sin perder la concentración en su recorrido, me dijo: "Es una misión. Hace días tuve una visión en donde el Señor mi Dios me mostraba los días difíciles que se avecinan. Me dijo, con voz clara y pausada: regresa a tu hogar." Siguió hablando el hombre. "Estaba en mi trabajo y escuché que me decía: crea una cruz de madera y cárgala en tus hombros, camina desde la ciudad donde vives hasta donde acaba la tierra y comienza la mar, y cruzarás la frontera y regresarás a tu ciudad, solo así la mayor parte de esta comunidad sobrevivirá al mal que se acerca y compartirán la medicina que les sobrevendrá". Tiempo después pude entender de lo que hablaba. Las vacunas transfronterizas.

Entonces, señala el buen hombre: "Todo el que te vea me dijo el Señor y pregunte qué haces, llevarás el mensaje de lo que has visto y escuchado, eso ayudará a que se arrepientan y vengan a mi encuentro." Fueron solo unos minutos que acompañé al buen samaritano en su caminata y me parecieron horas en medio del más árido lugar. El calor era extremo, sus palabras me dejaron mucho que decir. Regresé a mi vehículo y el hombre continuó su marcha.

Pudo ser un incidente aislado, sin embargo, dentro del contexto en el que se comenzaba a vivir, me parecía representativo. El periodismo debe ser objetivo y no tendencioso, me decía mi mente una y otra vez. Pero personalmente no dejaba de interesarme las palabras que había escuchado. Algunos medios de comunicación también, luego de ver mi reportaje, lo buscaron y su mensaje fue expuesto en múltiples plataformas.

Sin embargo, sus palabras causaban más curiosidad que interés, y justo se daban cuando la vida diaria comenzaba a cambiar. La falta de víveres ya se veía en los supermercados, los estantes comenzaban a vaciarse, los cierres de negocios provocaban el impacto en la economía de nuestro país, los cierres de escuelas era casi imposible de creer, las madres y padres se convertían en asistentes de maestros, tal vez un tanto improvisados, pero al fin debían colaborar con los educadores, mientras que los educadores compartían su tiempo de trabajo y su familia desde su hogar, convirtiendo sus computadoras en aulas de clase virtuales, perdiendo su privacidad.

En este punto debo destacar que, en realidad, ese no era el caso de algunos grupos familiares, ya que ellos mismos me manifestaban que el aislamiento obligatorio provocaba incertidumbre y descontento. Me pude dar cuenta también que, mediante entrevistas realizadas, la mayor parte de las personas adultas no deseaban estar en casa ni convivir 24 horas con sus seres queridos. Los problemas se iban agudizando y terminaban por darse cuenta de que no se conocían entre ellos.

Y conforme los días pasaban, los contagios del COVID-19 aumentaban desproporcionadamente, los hospitales se reportaban saturados, funerarias llenas. Algunas de ellas abusaban en costos sin importar el dolor de quienes perdían un ser querido. De esa clase de quejas se llenaban las líneas telefónicas.

En algunas casas funerarias se veían cajas de tractocamiones que se presumían refrigerantes, a manera de almacén, donde acumulaban los cuerpos de quienes habían perdido la vida contra el temible coronavirus.

En el recorrido diario de nuestra labor periodística, el incremento de las estadísticas se traduciría en miles de familias llorando la pérdida de sus seres amados. Las humaredas de centros de incineración no cesaban, y también se veían con las agendas llenas. Algunos vecindarios cercanos a ellos se quejaban del olor a muerte que se expandía en el ambiente ante la quema constante de los cuerpos. Eran imágenes y versiones apocalípticas.

En innumerables ocasiones llegaron a mí personas que no sabían qué había pasado con su ser querido. Sus voces eran de desesperación, se escuchaban entrecortadas, apenas si articulaban palabras. Luego de ser hospitalizados decían: no sabían de él o ella. Incluso personas quienes perdieron a un miembro de su familia y lo habían enviado al crematorio, y no sabían si las cenizas que les entregaban eran de ellos, ya que no les había sido posible ver el cuerpo sin vida de sus amados.

Los centros de salud mental se veían cada vez más abarrotados con cientos de pacientes con episodios de ansiedad, depresión, pánico. Estos centros se encontraban con cientos de casos por atender. Las personas con adicciones requerían apoyo urgente. Se implementaron nuevas formas de llevar la información a distancia a quienes tenían necesidades que debían subsanar. Las organizaciones de ayuda a víctimas de violencia intrafamiliar recibían decenas y decenas de reportes diarios. Ahora, el victimario se encontraba con la presa a su merced 24 horas. Los centros de llamados para personas que deseaban quitarse la vida no se daban abasto. Los centros de emergencia no paraban.

Un hombre dueño de una compañía dedicada a recoger los cuerpos que reportaban sin vida a causa de COVID-19 en uno de los condados del sur de Texas, comentaba en cierta ocasión cuando coincidimos en algún punto, que sólo dormía dos o tres horas diarias. El riesgo era mucho y la cantidad de personas que estaban muriendo era aún mayor. El cansancio extremo comenzaba a verse en los rostros de quienes atendían estas labores, en los doctores y enfermeras que atendían los casos causados por este virus.

*"Nunca sabes lo fuerte que eres, hasta que ser fuerte es la **ÚNICA OPCIÓN** que te queda."*

Bob Marley

Y mientras esto sucedía, nosotros, los periodistas, permanecíamos alertas sin vacilar para cubrir no solo la información sobre la pandemia, sino el lado humano de lo que ocurría, que era la falta de los servicios básicos, de la comida que comenzaba a escasear, de los servicios médicos que mucha gente no tenía. Realmente han sido días en los que las piernas se debilitan, la mente se expande tratando de comprender lo que pasa, y te vuelves empático ante el dolor de nuestros semejantes.

Los días se veían complicados también para quienes cubríamos la noticia. La elaboración y entrega de contenidos informativos en medio de esta pandemia debían ser cada vez más inmediatos. La labor de los colegas era extraordinariamente activa, responsable y muy poco reconocida, pese a lo que implica llevar la noticia a cada lugar haciendo uso de todas las herramientas de trabajo posibles para entregar a tiempo la información más reciente. No obstante, la protección personal era indispensable para poder seguir en las coberturas diarias, la necesidad de supervivencia era notoria, y cada amanecer nos brindaba una nueva oportunidad de vivir. En tanto la vacuna surgía, la oración diaria era una de las protecciones con mayor potencia que llevaba conmigo.

En mi profesión, estar en el momento indicado y preciso donde surge la noticia es un privilegio que se debe aprovechar al máximo, eso siempre lo he tenido claro. No obstante, en solo una ocasión me detuvo el tomar una oportunidad así. Fue después de recibir una llamada que me invitaba a recorrer los pasillos de un hospital donde se encontraban pacientes de COVID-19. Nadie lo había hecho, al menos aquí en el sur del estado de Texas. Era un gran elogio para mi carrera. Me pedían solamente firmar un acuerdo sobre el riesgo de muerte que eso representaba y la exclusión de responsabilidades para la institución, y eso no fue realmente lo que me detuvo.

Fue la voz de mi hijo que me tomó del brazo y me dijo: "Madre, esta vez no lo hagas. Siempre has decidido tú en tu carrera. Esta vez, te pido que me dejes decidir a mí. Te necesitamos, no vayas. Esta vez no depende de ti la solución."

El mensaje fue contundente: "No depende de ti una solución". Me dejó desarmada, y rechacé la oferta. Aún se veía lejos una vacuna contra el mortal virus.

A lo largo de los días posteriores, pude ver el miedo en los ojos de cientos de personas. Pude ver también el rostro del abuso del poder ante los desvalidos, la negligencia en otros tantos. Pude ver a quienes sus fortunas no les eran suficientes para poder dar su último abrazo a quienes amaban. Pude escribir historias de casos en donde la incredulidad sucumbió ante el enemigo silencioso, pidiendo a sus hijos perdón por arrastrarlos al filo de la muerte por su desconfianza. Y lo que es peor, ver la maldad en corazones que solo pensaban en acumular riquezas mientras familias daban el último adiós a sus grandes tesoros.

Pude ver también cómo el dolor en medio de la pandemia se convertía en el ingrediente perfecto de manipulación política. Algunos funcionarios públicos, en busca de ayuda comunitaria, y otros en el derroche de egolatría barata, utilizaban la vulnerabilidad de la gente en medio de la pandemia.

Los seres humanos a menudo ven el dolor ajeno tan lejos como pueden. A menudo no se visualizan en los zapatos de quienes pasan por circunstancias difíciles. O hasta que les sucede, terminan por entenderlo.

Nada más distante que en nuestra labor periodística, en donde te da la oportunidad de vivir de cerca lo que ocurre, de estrechar la mano de quien no cree que no pasará una noche más, o de quienes sufren una injusticia o que han sido contagiados de COVID-19. Esto te agudiza el sentido humano y logras entender desde el pordiosero hasta el funcionario de mayor envergadura.

Eran los primeros meses desde que la pandemia había detenido el mundo. La información sobre la medicina que esperábamos todos los días escaseaba. Sin embargo, había que buscar elementos aleatorios de combate. Comenzaron a surgir cientos de remedios caseros, recetas médicas que pasaban de mano en mano. No fue hasta que el virus tocó mi hogar cuando entendí a quienes, angustiados, buscaban una respuesta de alivio.

Capítulo IV: De enemigo a mi mejor aliado, COVID-19

Mi hijo, entonces de veintidós años, había sido contagiado, y la respiración se le entrecortaba, la temperatura en su cuerpo se podía sentir a distancia y no dejaba de temblar. La angustia de no tener un medicamento que controlara ese mal nos mantenía con el corazón en la mano. Entendí entonces la impotencia de no poder tener un tratamiento adecuado para vencer esa enfermedad y ver que tu ser querido lo necesita.

El solo hecho de pensar que serías hospitalizado era ya motivo de angustia. El saber que tal vez no regresarías era una preocupación significativa, por más objetivos y fuertes que pudiéramos ser.

Días posteriores, mi hija también fue víctima del virus y tuvo que mantenerse aislada y lejos de sus dos pequeños hijos y su esposo. Fueron días de angustia. El enemigo invisible me estaba dando una doble estocada. Mi alma se mostraba inquieta, y ahí es donde el dolor en carne viva se asoma y te recorre el cuerpo, manteniéndose ahí vigilante, queriendo retarte, hasta que logras despojarte de él, y mantienes la batalla de la mente en calma, dando seguridad y esperanza a quienes están en ese momento presos del virus. Esto te capacita para lidiar con el infortunio ajeno.

Afortunadamente, mis hijos lograron salir victoriosos de esta terrible enfermedad, no así algunos de nuestros amigos cercanos y familiares. La vida diaria me obligaba a ver con una óptica más profunda el sentido de mi profesión, dándole más crédito a las historias edificantes, a diferencia de las notas amarillistas que satisfacen el morbo de algunos o llenan el bolsillo de otros.

A la par de estas escenas de la película diaria que pasaba frente a mis ojos, tristemente el número de divorcios en la corte iba en aumento; esta clase de trámites crecía exponencialmente en el condado de Hidalgo, Texas, con cifras comparadas de los años anteriores.

La célula familiar se mantenía al filo de la navaja; en medio de la pandemia por COVID-19, la factura del alto costo de esto fue pagada por los menores y jóvenes que vieron a sus padres faltos de juicio para saber conciliar o navegar en medio de este caos mundial.

Durante algunas entrevistas con líderes religiosos, podía ver cómo coincidían en algunos argumentos en donde se mostraban a favor de la buena salud de sus feligreses y la necesidad del alimento espiritual de quienes con ellos se congregaban. Buscaban la manera de satisfacerla ahora de una forma distinta a través de la tecnología. En su mayoría aceptaban a regañadientes la exigencia. Además, fui testigo de la transformación que esto trajo para las congregaciones religiosas, ya que su campo de expansión fue más allá de las cuatro paredes de sus templos o iglesias, exponiéndose a miles y millones de personas que, detrás de un dispositivo electrónico, ansiaban ese diario alimento. También había quienes solo estaban en contra de todo y a favor de nada, y se escondían detrás de comentarios malintencionados y mal elaborados en las plataformas digitales, en donde, con esfuerzos sobrehumanos, intentaban transmitir los cultos religiosos.

Álvaro Corrales, de origen costarricense, por más de veinte años pastor de la Primera Iglesia Bautista de Álamo, Texas, en los Estados Unidos, admirable persona, excelente esposo, padre, abuelo y amigo, con un corazón de niño en un cuerpo de adulto, con una sabiduría exquisita que le permitía echar a andar hasta el proyecto más reprobable. Tenía una alma misionera y estaba comprometido siempre con su servicio al necesitado. Decía con frecuencia: "A mí no me pongan las cámaras, porque no me gustan. No podría dar mis prédicas con la libertad con la que lo hago, porque de pronto se me salen algunas palabras que las pueden criticar o sacar de contexto. Es más, no haré mis cultos públicos". Nada me dio más gusto que gracias a la pandemia, podemos escuchar esas prédicas marcadas por su deseo de que las personas busquen esa transformación desde su interior y desde el conocimiento de Dios, para que esa sabiduría sea llevada hasta lo último de la tierra, como suele hacerlo a través de sus múltiples viajes misioneros.

Vaya forma más noble y amorosa de dar a conocer el evangelio. Gran Pastor y sus discípulos, con beneplácito, puedo decir que ya siguen sus pasos.

Personas como él hacen la gran diferencia en el mundo en que vivimos, lleno de miedo, de rabia y de frustraciones mal digeridas que solo endurecen a las personas.

Las misas de cuerpo presente en iglesias y casas funerarias, que en otro tiempo era imposible de realizar en ese período de tribulación, comenzaron a transmitirse vía digital, donde a distancia las personas podían dar el último adiós a sus seres queridos.

Y varios meses esperamos con optimismo la llegada de una vacuna que nos ofreciera la posibilidad de mantenernos al menos más protegidos.

"A menudo, cuando piensas que estás AL FINAL de algo, estás AL COMIENZO de otra cosa".

Fred Rogers

Luego de nueve meses, al fin la vacuna llegaba a nosotros, era en vísperas de la Navidad del 2021, anticipando que sería primero para personas vulnerables. Pero ya se veía una luz de esperanza ante la crueldad de la muerte que ya nos había arrebatado a miles de personas, entre ellas, a personas que amábamos.

COVID-19 ha sido un tema que se ha adherido a nuestro vocabulario sin quererse ir, como si pretendiera quedarse por siempre en nuestro presente y, lo que es peor, en nuestros recuerdos...

El implacable virus día a día me hacía extrañar el abrazo cálido de quienes amábamos, que solía ser aún mejor que la cobija más cara que puedas comprar. El virus me mostraba que el aislamiento de tus seres queridos es un privilegio del que nadie se puede resistir, que en un beso puedes entregar la vida o la muerte, y que la compañía de tus seres queridos es la mejor medicina en momentos de dolor. Ver a un amigo o un compañero de trabajo era una gran alegría en medio del duelo diario que ese virus insistía en dejar. Vernos, para mí, siempre era un motivo que provocaba una sonrisa, aunque algunos no lo entendieran; yo lo tenía muy claro.

Siempre dije que la pluma de un reportero o escritor era la que describía con lujo de detalle lo que sucedía a nuestro alrededor, y ese era mi objetivo. Lograr, a diario, traducir en una historia digna de contar lo que mis ojos observaban, lo que mis oídos escuchaban y lo que mi corazón sentía. Las largas filas de quienes deseaban ser vacunadas contra el COVID-19 eran una muestra fiel de la desesperación que la gente podía sentir. Eran horas y horas las que pasaban esperando en línea hasta que, al fin, lograban las personas ser inmunizadas.

La distribución de las dosis fue, digamos, rápida a los diversos condados del Sur de los Estados Unidos, y los centros de inoculación comenzaron a abarrotarse. La alegría de las personas comenzaba a verse entre la población, que temía aparecer en la lista de las estadísticas diarias de hospitalizados o fallecimientos.

Y mientras la cresta más alta de la ola de la pandemia iba disminuyendo, el mundo de la información no paraba. El gobierno federal disponía ayuda a las familias estadounidenses tras los embates de COVID-19. Sin embargo, no todos lograban tristemente obtener esa ayuda debido a su condición legal en el país.

La labor informativa permanente de una sala de redacción no es pasiva, menos aún cuando se encuentra como eje principal de guía para quienes no podían todavía salir a realizar sus labores habituales. La exigencia para los comunicadores era extenuante, 24 horas al día, 7 días a la semana.

El carácter de los periodistas debe permanecer ecuánime, la dinamita siempre encendida y la pasión por informar a la orden del día no debe debilitarse. Esta encomienda permeaba el cuerpo y la mente, y se debía exprimir cada vez que entrabas o salías de tu hogar, para mantener tu círculo familiar intacto y tranquilo.

En el periodismo urbano, el que va más allá de las cuatro paredes de un estudio de televisión o una sala de redacción, aprende a traducir los silencios de la mejor información. Ahí es donde se palpa la verdad de la situación social de una comunidad, donde se descubre la necesidad urgente, lo apremiante, las carencias, las ves a flor de piel, y la abundancia también se torna evidente. Y es ahí donde caminé, en donde podíamos hablar de tú a tú con la muerte, con el hambre, con la prepotencia... con el diario vivir, sin maquillajes que lo disfrazaran.

Y precisando en este punto, aún conservo los últimos mensajes de un gran amigo, Raúl Flores, a quien conocí cuando en un restaurante él se acercó a mí y me pidió que lo acompañara a reuniones que ofrecía a personas en busca de la felicidad. Me dijo: "Te conozco por medio de tu profesión y quiero que nos acompañes". Me llamó tanto la atención la invitación que acudí.

No es común que alguien te invité a donde las personas buscan la felicidad, y con el tiempo logré entender su punto. Era una fraternidad de hombres de negocios del evangelio completo, quienes se hacían llamar "las personas más felices de la tierra".

Al cabo de unos meses, nos convertimos en amigos entrañables, junto a su adorable esposa, Antonieta Flores, y sus hijos, quienes dedicaban su vida a llevar felicidad y testimonios de vida a personas faltas de una dirección. Su dedicación a esta organización duró más de treinta años y rindió y rinde aún muchos frutos. Raúl Flores también formó parte de los personajes de algunas de mis historias.

Capítulo IV: De enemigo a mi mejor aliado, COVID-19

Raúl fue parte de una serie de investigación en busca de concientizar a la comunidad sobre la importancia de la donación de órganos.

Esperábamos un milagro de vida para él. Raúl se encontraba en el primer lugar de la lista de espera. Sin embargo, sus días estaban contados, y el esfuerzo sobrehumano por aferrarse a la vida era notorio, pese al desgaste de su cuerpo por la hemodiálisis constante que recibía. Su ánimo era evidente cuando el dolor se lo permitía. Sus ganas de vivir eran más grandes que sus fuerzas.

Era tanta su fe que no concebía otra idea que restablecer su salud. Sin embargo, la familia, pese a su vulnerabilidad, insistía en que no recibiría la vacuna contra el coronavirus, renuencia a recibir esta dosis que, de acuerdo a él y a cientos de personas con las que había hablado alguna vez, sostenían que la vacuna era de rápida elaboración y iba en contra de sus creencias religiosas.

El coronavirus llegó a su encuentro, y sin más, hizo presa de él, manteniéndolo hospitalizado por varios días y poco a poco lo iba dejando sin respiración. Durante su agonía, se tomó el tiempo para despedirse a través de mensajes, en donde, luego de leerle, mis ojos se empañaron, recordándome que nuestros días son tan valiosos que no se pueden desperdiciar, y que nuevamente el asesino invisible se llevaba a uno más de los que quise demasiado.

Raúl era un hombre muy claro y preciso en su hablar, en su pensar... en su último mensaje me describía el cuadro que el COVID-19 hacía en su cuerpo. Logró ver de frente al implacable virus y seguramente era el vivo retrato de miles de personas más que pasaban por ese mismo momento. Dalia, amiga, decía en su texto, "esto es el vivo infierno, es asfixiante, le grito a la muerte y no aparece, quiere matarme de a poco, estos dolores se oyen por toda la ciudad, estoy cansado, ya no aguanto". Aunque se resistía a ser hospitalizado, ahí vio sus últimos días, en donde decía, "los gritos de dolor se esparcen por todo el edificio. Amiga me decía, - ya mi cuerpo no soportará una diálisis más, mi corazón puede reventar, prefiero irme. Amiga, los amo."

No pasó ni una semana cuando la llamada de su esposa Antonieta repicó en mi teléfono. Raúl estaba en su agonía. Horas más tarde su corazón dejó de latir.

El COVID-19 nuevamente me mostraba su lado más amargo. Sin embargo, también me enseñaba a valorar el mundo en el que vivimos, amar intensamente sin tanta pregunta ni complicación, a agradecer desde el amanecer hasta el llegar a nuestra recámara a descansar agotados de dar nuestro mejor esfuerzo. Ver el sufrimiento de la familia de Raúl me repetía la escena de miles de familias que han tenido que despedir por siempre a quienes amaban sin poderlo arrebatar de los brazos del temible virus. Vi a su esposa y a sus hijos llorar, pedir a Dios le diera eterno descanso, pero nunca pude ver que la vida de mi querido Raúl regresara, dejando un vacío imposible de llenar.

*"Pasamos mucho tiempo **GANÁNDONOS** la vida, pero no el suficiente tiempo **VIVIÉNDOLA**".*

Teresa de Calcuta

Capítulo IV: De enemigo a mi mejor aliado, COVID-19

El trayecto desde iniciada la pandemia había sido bastante largo, el nivel de estrés en las personas se encontraba cada vez en su punto más álgido. Varios compañeros de trabajo a quienes los vi agotados ante la constante de duplicar esfuerzos, cumpliendo las actividades de dos o tres o más personas a la vez que habían sido trastocadas por el COVID-19, cada semana las ausencias se hacían frecuentes. Aunque la mayor parte de la población estaba siendo vacunada y parecía que todo estaba volviendo a la normalidad, el riesgo ahí estaba latente.

De a poco fuimos viendo cómo los números de contagios bajaban. La vacuna ya estaba autorizada para niños. Fue entonces cuando comenzábamos a ver una luz en el camino. No fue hasta el cierre de 2021 cuando comenzamos a ver cómo se aligeraban los casos. Los viajes no esenciales cesaban, los ingresos al país se aperturaron, las familias podían, al fin, correr y abrazarse después de casi dos años de la separación de familias y el temor a las reuniones se dejó de lado. La Navidad de 2021 provocó nuevamente un retroceso en los avances de la contención del virus, nada más peligroso que eso, nuevas cepas del virus acechaban nuevamente la salud de nuestra gente.

Las Autoridades de Salud Pública auguraban un panorama desolador y, de hecho, la variante Ómicron, más contagiosa pero menos letal, ganaba terreno en el mundo, poniendo nuevamente a los hospitales a su máxima capacidad y al mundo de cabeza.

La escasez de personal médico volvió a un primer plano, y las personas incrédulas restaban importancia al virus. Luego de unas semanas, los números de contagios y muertes comenzaron a subir, el grado de expansión de Ómicron volvió a recordarnos que el asesino aún estaba suelto, seguía ganando terreno y se resistía a ir.

A casi dos años de declararse el estado de Emergencia en los Estados Unidos por COVID-19, recuerdo que llegué como siempre a la zona de edición en la sala de redacción de la empresa en la que trabajaba. Era el inicio de la semana cuando de pronto mi cabeza comenzó a doler, mi nariz parecía un goteo permanente y comencé a sentir un escalofrío en el cuerpo. Detrás de mis ojos surgió un calor intenso. Tomé mis cosas y anuncié a mi directivo, "creo que el virus se está haciendo presente". Debo retirarme. Luego de unos minutos, me anunciaban que el COVID-19 estaba en mi organismo.

Fueron varios días de aislamiento en donde conocí de cerca el COVID-19. Estuvimos por varios días juntos, tanto que se resistía a dejarme. En dos ocasiones, los resultados salieron positivos para ese virus. Nunca había estado tan cerca de él como en estas ocasiones, en las que aprendimos a conocernos. A diario hablamos de su dureza y su agresividad. Decidí tomarme esos días de cuarentena junto a él, encontrando hasta su complicidad. En mi recámara, me sentaba tranquila y tomábamos café juntos, escuchábamos música, orábamos y conversábamos largas horas. El virus me ayudó incluso a escribir este capítulo que ahora pongo en tus manos.

Durante mi aislamiento, logré ganarle la partida. El virus se convirtió en bonachón y decidió alejarse de mí, dejándome varios días de quietud y reflexión que deseaba en ese momento. COVID-19 ha transformado mi vida, me ha ayudado a hacer crecer mi fe en Dios, me ha enseñado a saborear el hoy como si fuera el último día, restándole importancia al mañana. Me enseñó también a sacudirme el ayer que huele a añejo. Nada mejor que cada nuevo despertar para pintar de colores el día a día.

Pero no todos podemos hablar de COVID-19. Quienes sobrevivimos a él, podemos decir que es una gran batalla ganada porque hay millones de personas que murieron en medio de la lucha, hay familias resquebrajadas tras la pérdida de uno o varios de sus seres queridos arrebatados por ese temible mal.

COVID-19 ha modificado la estructura del mundo y de la vida misma. Su presencia ha provocado que las mentes más brillantes elaboren un arma capaz de combatirlo en tiempo récord, ha revolucionado el mundo de la medicina y de la atención al paciente.

Este virus ha logrado sensibilizar incluso al más duro y ha provocado un mundo más solidario.

Durante su paso nos ha enseñado a sacar esa inmensa fuerza de nuestro interior.

Este virus me ha permitido aprender a disfrutar de las cosas más simples, de esas que no se compran. Nos ha demostrado que ni el hombre más acaudalado puede, con su fortuna, agregar un día más a su vida.

Nos ha enseñado a agradecer cada mañana, cada respiro, amar profundamente.

COVID-19 llegó para quedarse, dicen los expertos. Aprenderemos a vivir con él en nuestro entorno y de forma cautelosa conviviremos en esta "nueva normalidad". Nada más cercano a esta realidad, un nuevo ambiente en donde pareciera todo igual al pasado, pero con un testigo en el aire que nos recuerda que debemos cuidarnos incluso al respirar, porque podríamos inhalar ese veneno que mata.

Terminé este capítulo recuperándome de COVID-19, que se empeñó en seguirme y obligarme a sentarme a escribir y relatar cada una de las vivencias que dejaron estos años desde que inició su guerra contra la humanidad.

Y aunque a través de mi labor periodística este período de COVID-19 me ha mostrado historias desgarradoras en medio de esta pesadilla, volvamos entonces a VIVIR tan intensamente que el reloj sea nuestro mayor motivador. Que sus manecillas nos indiquen el ritmo de nuestro andar y que el AMOR sea la píldora diaria que nuestro cuerpo necesita. Que la Paz sea la que inunde nuestro interior y sea diseminada con nuestras acciones al mundo entero.

Nos ha tocado vivir tiempos de transformación, de redirección, pero también de hacer conciencia, pues solo el necio podría quedarse en su mismo sitio viendo el mundo pasar frente a él, consumido en su mezquina necedad que lo dejará seguramente SOLO.

*"Si en medio de las adversidades **PERSEVERA EL CORAZÓN** con serenidad, con gozo y con paz, **ESTO ES AMOR.**"*

Santa Teresa de Jesús

Valoremos el hoy y los días por venir. Gracias, Dios, por dejarnos ser parte de tus propósitos.

Capítulo V: Provoca que lo invisible se haga visible

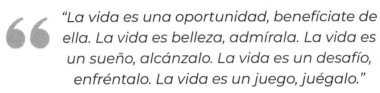

Capítulo V

PROVOCA QUE LO INVISIBLE SE HAGA VISIBLE

"La vida es una oportunidad, benefíciate de ella. La vida es belleza, admírala. La vida es un sueño, alcánzalo. La vida es un desafío, enfréntalo. La vida es un juego, juégalo."

Madre Teresa de Calcuta

Cuando un corazón se ha roto es cuando ha atravesado el dolor, el acoso, el desamor, la traición, las humillaciones, los despojos o ha sufrido alguna pérdida, o lo que es peor aún, que haya sufrido violencia en cualquiera de sus formas, creando un contexto difícil para quien lo vive. Estas acciones son tan comunes y cada vez más justificadas que se convierten en imperceptibles porque dicen que es parte de la nueva normalidad. No respetan ni la edad, ni el sexo, ni el estatus social, ni la profesión, ni la raza, ni el color.

Capítulo V: Provoca que lo invisible se haga visible

Quienes las aplauden, gozan de un apetito genuinamente maquiavélico y se envanecen con el dolor ajeno en su búsqueda constante del poder y del dinero.

Esther Cordero, de quien relataré parte de su historia, pasó por algunas de esas experiencias, convirtiéndola en una mujer resiliente. Fui su mentora dentro del mundo de la comunicación. A Esther, las estocadas le enseñaron a sanar las heridas en el campo de batalla hasta alcanzar la victoria que hoy goza diariamente. Aprendió que cada despertar es un triunfo, que cada hora que pasa viene con milagros adheridos, que el universo conspira a su favor siempre, siempre.

Eran casi las seis de la mañana cuando sonó el despertador. Era una mañana bastante fría y lluviosa.

La agenda estaba llena... "Apúrate que se hace tarde", señaló Esther a su hijo Josué. "Tenemos que ir a dejarte a la escuela y tengo hoy una reunión con un grupo de vecinos en una colonia donde se están registrando frecuentes delitos".

Era víspera de Navidad, y los recuerdos se agolpaban en Esther, atesorando los momentos que le alegraban los días y abrazando los recuerdos de quien la muerte le había arrebatado.

El padre de Esther había fallecido hacía solo unos meses. Era la primera Navidad que no estaría físicamente. El hombre recio, fuerte, sabio, amoroso y alegre ya no estaría organizando la reunión familiar donde ninguno de sus hijos y nietos podía faltar.

Esther no había podido dormir bien, su mente le había traído una escena que no había podido digerir en medio del corre-corre de la vida diaria y que estrujaba su corazón, haciendo brotar lágrimas de desesperación. Ese momento en que escuchó las alteradas frases de su hermano Sergio... -"No te vayas, Padre, respira, ayúdame, sé fuerte... aguanta, Padre... toma el medicamento"- La llamada que Esther había recibido en medio de sus horas de trabajo de su hermano se convirtió en un clamor de vida en un dolor que le traspasaba el corazón y que aún tenía eco en su memoria.

Esther escuchaba con atención, con un hueco en el estómago y en el alma, que le avisaban que lo peor estaba por venir. Esther escuchaba que su hermano intentaba reanimar a su Padre... "Llamen a una ambulancia", gritaba Sergio...

"Debo irme", dijo Esther en su empleo con desespero y llanto, "mi padre me necesita". Tomó su auto y manejó por varios minutos, deseando volar y llegar hasta donde él se encontraba. La demora sería decisiva para alcanzarlo con vida, de pronto la sacudió una llamada telefónica. Uno de sus hermanos, Luis, con palabras que sonaban que le desgarraban el corazón... -"Maneja con cuidado, nuestro padre ya va camino al hospital, pero creo que no hay mucho que hacer por Él." Mientras escuchaba Esther lo que no quería oír, las frases de su padre se repetían en su mente... -"Hija, siempre toma lo mejor de la vida." Recuerda que a "río revuelto, ganancia de pescadores"... "enfrenta cada momento difícil con la cabeza fría y no con el corazón tibio, mucho menos con el estómago."

Esther, con paso apresurado, bajó de su auto hasta llegar a ese frío pasillo de hospital por donde su hermano Sergio caminaba a su encuentro, paso lento, muy lento. En sus manos pudo ver la ropa de su padre. -"Hermana", dijo, "Ya se fue, ya está descansando. Él no quería irse, luchó hasta el último momento, perdió la batalla como los grandes. Ahora nos toca despedirlo". Y entre sollozos la abrazó.

Esther escuchaba atenta lo que presentía, se iba el hombre que les diera vida, que los cobijó, que los protegió, que les instruyó, el fuerte, el valiente, el que les dejó una especial encomienda. "Sean felices, cuiden de su madre, busquen y persigan afanosamente sus sueños, defiendan y protejan a los suyos a cabalidad, sean buscadores del bien común sin violencia, con conciencia, integridad y responsabilidad. No empeñen su palabra; antes, al contrario, háganla valer con decoro y conocimiento de causa. Hagan de su hogar la mejor guarida en donde disfruten estar, denle calor a su familia y sean punto de reunión para los suyos. No se amedrenten ante los tiempos difíciles, mantengan el corazón compasivo y sensible, no sean como los carrizos; infundan alma a lo que emprendan que 'las calabazas se acomodan al compás de la carreta'".

Ese era el padre de Esther y mentor de quien lo conoció. Un hombre sencillo pero sabio en sus palabras, gustaba de utilizar dichos populares y parafrasear, ejemplificando de una forma muy práctica los hechos que sucedían.

La noche traía su tristeza bajo el brazo, Esther debía despedirse de su padre, para quedarse solo con su recuerdo.

Los pétalos comenzaron a cubrir el ataúd del padre de Esther mientras bajaba el féretro. Se acercó uno de los asistentes y le dijo en voz baja: "tu padre me pidió que cuando esto ocurriera te dijera que seas tú quien se encargue de provocar la unión familiar".

Esas palabras se quedaron por minutos en su mente mientras que la noche desaparecía dando paso a la fresca mañana que la colmaban de diligencias, pero le habían servido de desahogo y redescubrir el sentido de sus días.

"LO QUE HACES marca una diferencia y tienes que decidir QUÉ TIPO DE DIFERENCIA quieres marcar".

Jane Goodall

La nueva posición de Esther en su empleo era extenuante, su labor comunitaria exigía días largos que terminaban en colonias donde se podía percibir el olor a alcohol, droga y delincuencia, y donde solo alumbraban los faros de los vehículos y los reclamos de los residentes eran interminables.

El establecimiento de programas que ayudaran a disminuir el crimen era urgente.

Lo demandante del servicio social y los resultados de lo que realizaban le satisfacían. Sin embargo, había un sueño más guardado, que nunca dejó morir.

"Su labor informativa y social debía ser impregnada a sus hijos."

Al correr de los días, Esther se vio sentada frente a su familia en esa primera Navidad con un espacio vacío en la cabecera de la mesa.

Entre buenos deseos, alegría y abrazos, se dejaba sentir un dejo de melancolía ante la ausencia física de su padre.

Esa Navidad del 2012, se prometió realizar un proyecto de vida, no de trabajo, junto a sus hijos.

El desafío siempre causa miedo; la comodidad relaja la mente, posterga los proyectos y congela las ideas innovadoras.

Cada día era una nueva experiencia, historias que se descubrían cuando Esther llegaba a cada lugar en busca de personas que deseaban cambiar su entorno. Cada vez se convencía más de que el propósito de su vida estaría en canalizar sus esfuerzos en la ayuda humanitaria. La gente la buscaba siempre con la convicción de que alguna solución encontraría.

La necesidad de vivienda, trabajo y seguridad, de quienes escuchaba, era frecuente, y el pan diario de Esther. Esto llenaba su corazón, pero vaciaba sus bolsillos.

Día con día, Esther amasaba su proyecto de vida, creyendo cada vez más que su pasión por servir podría ser el punto de referencia para expandir este sentimiento a quienes, como ella, gozaban de canalizar apoyo a quienes lo requerían.

*"El **ÚNICO LÍMITE** a la altura de tus logros es el **ALCANCE** de tus sueños y su **DISPOSICIÓN** de trabajar en ellos".*

Michelle Obama

"Estás loca, sueñas con algo muy difícil de conseguir, no tienes recursos, mejor no lo hagas porque te quedarás a la mitad, no tienes tiempo, estás muy ocupada, etc., etc." Es lo que Esther encontraba cada vez que hablaba de su proyecto, y lo que la impulsaba cada vez más a verlo cristalizado.

*"Si quieres **PERSEGUIR** tu sueño... **SÍGUELE** la pisada a diario y de cerca, **PERSISTE** neciamente en ir hacia él, hasta que vayas viendo cada una de las piezas de ese rompecabezas y te veas de pronto **CONTEMPLÁNDOLO EN SU ESPLENDOR".***

Dalia Ramírez

Algunas personas suelen hablar pesimistamente ante los retos porque es más fácil el confort que enfrentar el miedo que producen los desafíos. Por eso, no todos deciden emprender la carrera ascendente hacia la cima de la montaña.

Esther, sin embargo, no desistía de su labor comunitaria y, conmovida ante las trágicas historias que a diario escuchaba, endulzaban cada vez más el sueño que acariciaba.

Un programa radial y posteriormente televisivo comunitario no era tarea fácil. Sin embargo, sabía que esto podría realizarlo de forma aleatoria a su empleo formal, encontrándose de pronto con un proyecto tangible.

Sin embargo, no siempre se cree lo que no se ve, y aunque no fue fácil, ella sabía cómo apuntar hacia el objetivo. Contaba con la experiencia en esa labor, el aprecio de la gente, los bríos que se requerían y la terquedad obstinada de conseguir lo que se prometía.

Luego de unos meses, ya estaba emprendiendo un programa familiar, con tintes comunitarios, en donde se podía canalizar ayudas a su comunidad, así como pláticas motivacionales que llegaban a cada hogar que tenía una necesidad.

Capítulo V: Provoca que lo invisible se haga visible

La labor no le era fácil, sus días eran cada vez más largos y sus compromisos cada vez mayores. Esther llevaba a diario a su hijo de tan solo catorce años de edad cada madrugada a empaparse de lo que allí se vivía. En unos días, comenzó ya a laborar con su madre.

Esther unió esfuerzos con personas a las que invitó a su proyecto y en quienes puso su confianza. Así pues, se disponía a emprender un camino de ayuda e información para la comunidad.

La audiencia comenzó a cobijar el programa, y los milagros comenzaron a suceder. Dios siempre está listo para actuar cuando lo permites.

La conjunción de los dos trabajos de Esther comenzaba a dar grandes frutos.

*"Empieza haciendo lo **NECESARIO**, después lo **POSIBLE** y de repente te encontrarás haciendo lo **IMPOSIBLE**".*

Fernando de Asís.

Eran casi las siete de la tarde cuando se dirigía una caravana de oficiales que, junto a Esther, visitaban un vecindario en la periferia del Condado de Hidalgo, al sur del Estado de Texas, en los Estados Unidos, en respuesta a una petición ciudadana.

"Esther, qué bueno que vino", señala una mujer de aspecto un tanto descuidado. Sus ropas parecían muy desgastadas. Ella era de baja estatura, el cabello entre cano, con una mirada triste y profunda. Le pidió acompañarla a su hogar, en donde aún se respiraba miedo, violencia y depresión.

"En qué le puedo ayudar", apuntó Esther. "Mi nombre es María", dijo la mujer, agachando su mirada. Comenzó a llorar, queriendo esconder su rostro en su pecho, comenzó a narrar la historia que meses antes había vivido.

"Cuéntame, María". Ella respondió: "Un hombre entró a robar a mi hogar, para después ultrajarme, morderme, violarme, manteniéndome amenazada todo el tiempo con acabar con mi vida. El hombre me tiró al suelo, dejándome en un charco de sangre. Cuando comencé a recorrer con mis ojos mi derredor, pude ver a un testigo de los hechos, mi hijo de apenas cuatro años de edad, quien dé la impresión perdió el habla. De pronto, escuchamos el claxon del autobús escolar, mi hija que venía en el de apenas doce años, el chofer gritaba: '¿Hay alguien para recoger a la niña?' Yo podía ver desde adentro lo que ocurría, y pedía a Dios que no entrara porque el sujeto había prometido violarla también y acabar con nuestras vidas".

"Dios escuchó mis plegarias, dijo María, y el autobús se fue. Minutos más tarde, el hombre huyó, dejándome casi sin aliento, tirada en el suelo".

María siguió narrando lo que recordaba, mientras Esther atenta escuchaba: "Llegó mi esposo, me levantó y me llevó a un hospital de emergencias. El cuadro en mí era severo, la violación había dejado lesiones difíciles de corregir, pero más aún en mi alma y en mi corazón", agregaba María. "He pasado meses en depresión, con miedo. Incluso he intentado acabar con la vida de mis hijos para que nunca sean presas de esa clase de personas".

Capítulo V: Provoca que lo invisible se haga visible

Esther trataba de recrear la escena con atención, tratando de asimilar lo que había ocurrido. Abrazó a María, quien le gritaba: "Ayúdame a salir de esta pesadilla, todo me provoca miedo".

Mientras esto sucedía, Esther observaba la vivienda con apenas una habitación que servía de recámara, cocina y comedor, en donde se comía de pie, porque no se contaban ni con una silla. Y se preguntaba qué podían haber robado de valor de este lugar. Sin embargo, en los actos malvados y lascivos no importa el valor de las cosas; en este caso, le habían robado a María lo que todo ser humano cuida y protege: el respeto y la dignidad.

La misión estaba clara, María requería terapia inmediata, al igual que su hijo y la familia completa. Su esposo, quien no dejaba de llorar ante la constante idea de que, en cualquier momento, su esposa, en un arranque de paranoia y depresión, acabaría con la vida de sus hijos y de ella misma, no le daba tregua en su mente.

Las necesidades de esta familia no terminaban ahí. Era una familia migrante, como muchas que llegan a los Estados Unidos en busca de un sueño de progreso. La vivienda de donde intentaban salir de la pesadilla tenía que ser renovada urgentemente. Una plaga de garrapatas se había instalado en ese hogar y no daban tregua en la piel de Esther durante la conversación.

Días más tarde, Esther expuso la historia de María en uno de sus programas, esperando encontrar eco en la comunidad. La respuesta no se hizo esperar. La vivienda fue remodelada, muebles fueron donados para ellos, y las terapias comenzaron a realizarse. El hijo de María recobró el habla tiempo después, y esto motivaba cada día más a Esther a seguir con sus esfuerzos, aunque el cansancio comenzaba a asomarse.

Luego de unos meses, Esther recibió una llamada de María, quien le pidió fuera a visitarla.

Era una tarde de verano. Empezaba a oscurecer, mientras que Esther, con las manos en el volante, se apresuraba a buscar la casa, para que la noche no la asaltara en ese lugar que era considerado peligroso.

Al fin llegó. Al bajar de su auto no podía creer lo que veía: una casa nueva, mucho más grande de la que ella había visto meses antes. Eso la confundió y la llamó:

—María, ¿eres tú?

—Estoy aquí pero no es la misma casa —respondió María. Todavía sigo aquí; saldré a recibirla.

Esther no lograba aún saber lo que sucedía. Al verla, María y sus hijos salieron a su encuentro.

—¿Recuerda que usted me hizo un reportaje?

—Claro que sí, pero ¿qué pasó —preguntó Esther.

—El día que salió en el programa de televisión, una persona que se dedica a la construcción esperaba la respuesta de Dios para que le fuera aceptado un contrato que le dejaría grandes dividendos, y prometió que de obtenerlo le haría una casa a la primera persona que viera en necesidad extrema.

Capítulo V: Provoca que lo invisible se haga visible

Días después de que salió mi historia, aquí llegaron camiones cargados de materiales para construcción, los mismos que rechacé porque no sabía lo que estaba ocurriendo. Sin embargo, horas más tarde, ese buen samaritano llegó a mi casa y me dijo, "esta casa se las construiré completamente gratis". En pocos días me entregaron mi nuevo hogar y desde entonces he vivido agradecida con Dios, porque Él escuchó mis oraciones y provocó que lo invisible se volviera visible.

Esa frase se acuñó muy dentro de Esther, llenándola de alegría en ese momento, sabiendo que "el mover de las buenas intenciones acelera los milagros que Dios hace en la vida de cada uno. Solo basta creer, actuar y tener una fe inquebrantable, y solo entonces tu petición será bendición manifiesta".

El programa de Esther era cada vez más visto, y como en todo, "entre más botones, más ojales". De pronto, el equipo de trabajo se multiplicaba. Elizabeth y Josué, hijos de Esther, comenzaron a reforzar el equipo de trabajo. Pero el tiempo la consumía, así que decidió abocarse a su pasión y dedicarse únicamente a hacer crecer el programa que se había iniciado sin recursos financieros.

"Cuando el ojo de una persona dice una cosa, su lengua dice otra y su corazón dice algo distinto. Estamos ante un tipo de persona que NO SIRVE PARA NADA".

Mahatma Gandhi.

Cuando todo va viento en popa, los amigos se multiplican, las adulaciones llueven, el interés comienza a carcomer la buena voluntad y el ego comienza a inflarse como un globo de helio que pretende llegar hasta el cielo, destruyendo el mejor de los proyectos.

Observando un día el programa de Esther, pude ver en su rostro cómo se complacía en esta nueva faceta. Sus peticiones eran cada vez más una convocatoria para hacer actos de ayuda hacia la comunidad que solían tener repercusiones positivas, afianzando más el llamado que escuchó en una sala de emergencias cuando su salud fue trastocada.

La encomienda no era fácil; resultaba agotadora, y no todos remaban al mismo tiempo en la barca. El esfuerzo continuo es exclusivo de los perseverantes.

Los múltiples tropiezos habían hecho de Esther una mujer fuerte pero sensible. El avance era continuo, sin embargo, se comenzaban a poner al descubierto los intereses subjetivos de algunas personas que colaboraban con ella. "El que crea expectativas en los demás seguramente será decepcionado". La artillería estaba lista para ganar la batalla hasta que apareció el ego en el equipo de trabajo, donde el servir dejó de ser el propósito primordial.

*"El **TERMÓMETRO DEL ÉXITO** no es más que la envidia de los descontentos".*

Salvador Dalí.

Tenía algunos meses que no veía a Esther, hasta que, revisando los diarios, vi que ahora también formaba parte de la directiva de un grupo de empresarios.

Capítulo V: Provoca que lo invisible se haga visible

Su diversidad de roles alimentaba cada vez más su vida profesional, personal y espiritual. Su visión estaba ligada al llamado que Dios le tenía reservado. El reconocer los dolores de las personas es una tarea posiblemente fácil; sin embargo, el encaminarnos a motivarlos a salir de ahí es una tarea continua que requiere esfuerzo adicional, y no todos quieren pagar ese precio. Pero Esther estaba dispuesta a pagarlo.

"La LUZ que las personas irradian es tan perceptible que molesta a quienes han vivido entre PENUMBRAS".

Dalia Ramírez.

Pero de pronto, los intereses comenzaron a divergir en su proyecto, y las evidentes muestras de interés desmedido por servirse antes de servir irradiaban benevolencia disfrazada. Nada fuera de lo común. Sin embargo, cuando lo común no es tu estilo de vida, aprendes a oler la intención y la acción.

Esther se enfrentaba nuevamente a un obstáculo mayor que pondría a prueba las lecciones aprendidas.

No hay nada mejor que ver cómo, como periodista, las historias que sigues de cerca tienen sus etapas cumbres y ver cómo las crisis de tus personajes son superadas. Este es ese caso.

En un edificio completamente vacío, vi cómo Esther en el piso lloraba, luchando consigo misma. Era una mezcla de impotencia y dolor de ese que huele a traición, agresión, mentiras y prepotencia. "Con gritos desgarradores", decía, "Dios, ayúdame a pasar esta prueba".

Personas con intereses mezquinos intentaban detener su marcha.

El proyecto se había venido abajo. Todo le fue arrebatado a Esther, con osadía y ventajas insanas.

Los días subsecuentes no fueron fáciles. Resurgir de las cenizas no es sencillo, pero para quienes como Esther reúnen las cenizas para edificar, siempre es interesante ver de cerca sus reacciones.

Observar a alguien lastimado, donde el agravio recibido no es respondido, donde la burla y la altanería se pasean frente a ella y la persona permanece en su respetable silencio, es entonces donde Dios actúa.

Esa era Esther, a quien pregunté, "¿qué vas a hacer?". A lo que respondió: "Si me cortan los pies, caminaré con las manos, y si aún eso me cortan, me arrastraré y me impulsará mi alma, pero no dejaré de moverme para continuar sin hacer daño a nadie".

Pude ser testigo de sus esfuerzos, de su tesón, del desespero de nadar contra la corriente, del resurgir de un alma herida pero llena de fe y convicción de su misión.

Mientras se fraguaban actos en su contra, Dios le mostraba su mejor sonrisa, un premio nacional por su labor y desempeño profesional en pro de su comunidad.

El recorrido paulatino de la vida de una persona siempre muestra diversos matices. Este era el momento de ver nuevamente alzar el vuelo de una mujer a la que me mantuve muy cerca, viendo sus alegrías y tristezas, su crecimiento profesional y personal, y de la que nunca vi estropear el esfuerzo de nadie. La vi instruyendo siempre, capacitando, creando conciencia de que la felicidad vive dentro de nosotros. Esta es la razón que justificaba verla siempre sonriente.

Llegó el momento de entregar la presea por su labor a Esther, misma que recibió con entusiasmo y agradecimiento. Un sueño reveló el nombre de la pauta que daría a su nueva etapa: "Visión de Dios", fue el nombre de la compañía que emprendería.

Esther continuó su inclusión en el mundo empresarial e informativo. La relación con la comunidad la persiguió afanosamente, cosa que disfrutaba, y su esfuerzo empapó a quienes participaban en el proyecto de vida.

La historia de Esther es quizás similar a la de algunas mujeres que conocemos, con la diferencia de que ella ha seguido su llamado, aunque las olas de pronto se levanten tan alto que sean difíciles de surfear. Nunca claudicó, aprendiendo de cada suceso, por más duro que este fuera.

*"El mejor **ÉXITO** de uno viene después de sus mayores **DESILUSIONES**".*

Henry Ward Beecher.

El éxito es tan relativo para cada persona que mientras para unas es el logro continuo de objetivos que te provocan satisfacción diaria, para otros es solo un resplandor con diferentes máscaras que llaman la atención, filtrándose entre ellas el olor a frustración e infelicidad.

Este fue el caso que dio paso a la decisión de Esther de hacer un alto y observar desde lejos, como ella decía, la panorámica de quienes integraban este proyecto de vida. Viéndose saboteada nuevamente ante la inconsistencia y el desinterés de algunos de sus colaboradores.

Era muy común ver a Esther cómo se aferraba al barco que había decidido navegar. La misión era noble, pero las aguas cada vez eran más turbulentas. Luchó contra viento y marea. La visión no era para todos, y le costó entenderlo.

Un llamado oportuno le pidió regresar al mundo de la información, dándole un vuelco a su corazón.

La enseñanza y la travesía por cada prueba le habían dejado un gran legado: la resiliencia. El regreso tenía un sabor invaluable, la hacía nuevamente estremecer, y su pasión estaría manifiesta de nueva cuenta.

Una llamada fue suficiente para darme cuenta de que Esther se había reencontrado con su pasión. "Lo invisible lo hace nuevamente visible". El propósito y la misión de cada ser humano vibra en el espacio donde se encuentra y al compás de tu corazón y tus deseos más fervientes.

Tomar las oportunidades que están en sincronía con tu visión y misión.

Recordándote que el ímpetu sale desde adentro. No es un movimiento externo que debe ser provocado por alguien o algo, y solo lo ves en personas en constante acción, buscando permanentemente nuevos logros.

Capítulo V: Provoca que lo invisible se haga visible

El ascenso en la vida de las personas viene como consecuencia de las decisiones tomadas a lo largo del camino, y en algunos momentos dando pasos grandes en tiempos cortos.

Hoy veo que la vida siempre compensa. De la semilla que siembras dependerá el resultado de lo que cosechas. Esther, como tú, es una persona real que vive y vibra como todo ser humano.

Encontró un hombre que la amará siempre y que ella dice es el Rey de reyes.

Esther amó con intensidad cada uno de sus proyectos. Lloró, rio, fue engañada, traicionada, despojada, humillada, agraviada, pero también aprendió a desechar lo que no es útil. Aprendió a perdonar y perdonarse, a servir antes de ser servida. Mostró que las batallas no se ganan con los puños cerrados ni con los dientes apretados, sino de rodillas y con las manos en alto, porque la batalla no es de ella, porque esa ya fue ganada.

Descubrió su propósito de vida y se aferró a él. Hoy puedo verla a diario con tan solo encender un dispositivo electrónico. Sus mensajes de aliento y charlas son ahora expuestos para quienes, como ella, buscan un crecimiento personal constante.

La he visto con cientos de cicatrices en su cuerpo que me hacen recordar las mil y una luchas que ha combatido, sacudiendo el polvo que le quedó de cada una de ellas. Comparte siempre sus vivencias con personas que se encuentran sumidas en un pozo sin fondo, necesitadas de ser escuchadas. Les recuerda que siempre y desde la trinchera donde se encuentra, toda persona puede ser la llave maestra que abra la puerta a una solución, a un apretón de manos que haga la vida más llevadera a quien vive en el desespero, diciendo siempre: "La luz a veces es opacada por la oscuridad, pero todo es pasajero, solo es cuestión de tiempo."

Veo a sus hijos felices y realizados, también inmersos en el mundo de la información y los escenarios.

La agenda de Esther está llena de conferencias de emprendimiento y motivacionales. Siempre escucha los latidos de su corazón y las visiones que recibe en los momentos de reflexión, mismas que comparte con sus mentores, quienes comparten la misma misión.

Justo al caer el sol en una noche del verano que apenas comenzaba, busqué a Esther y le dije: "Déjame observarte bien y recordarte de quién eres. Sé que te ha costado mucho reconocerlo. Tengo muchos años en los que sigo tu vida, pero nunca te he dicho lo que pienso de ti. Solo me he dedicado a escucharte".

"Estoy convencida de que eres capaz de hacer lo que te propongas. Te has dedicado a dar lo mejor de ti, aunque en ocasiones te he observado solo contemplando lo que tenías frente a ti. He visto tu corazón herido, he visto tus momentos de angustia, de sueños rotos, de impotencia y frustración, tus momentos de soledad, pero también de alegría. Te he visto con y sin dinero".

"Lo mismo con el mendigo que con grandes personalidades, he visto tu deseo de ayudar a muchos a conseguir su sueño y a sentirse libres, auténticos y exitosos. La abracé fuertemente y le pedí que amara incluso sus defectos y sus desaciertos, porque ellos son parte de ese ser humano que hoy es".

"Ahora, Esther", le dije, "es hora de la siega, tenemos que despedirnos". "¿Cuándo volveremos a vernos?", dijo ella. "No quiero dejar de verte, has sido mi desahogo constante, conoces mi vida como nadie, has sido un testigo de lo que nunca he dicho y que sabías me destrozaba por dentro, has sido tú quien limpió mis lágrimas y sacudió mis rodillas, la que provocaba entusiasmo cuando me sentía desfallecer."

Esther bajó sus brazos y soltó en llanto. "Gracias", me dijo. "Te has convertido en mi mejor amiga..." Y tomando algunas fotografías en sus manos, en donde podía ver un cuadro familiar, dijo: "Todo ha valido la pena."

Esther me abrazó fuertemente y me dijo: "Soy muy feliz. He aprendido que el amor es la manifestación más grande de Dios. Él me ha enseñado a amarme tal cual soy y aprovechar cada minuto de mi vida como si fuera el último. La felicidad la tengo anclada en mi interior, desde donde emana el deseo de provocar lo mismo para quienes me rodean."

"Esther, estás lista para alzar el vuelo hasta donde tus sueños lo permitan", le dije. "Y ahí, justo ahí, en donde te detengas, seguramente iniciarás un vuelo más alto. Porque ¿quién puede obstaculizar a quien ha aprendido a quitarse las alas para que salgan las nuevas, a engrosar su piel para los tiempos difíciles, dejando el corazón al descubierto para amar a quien le está haciendo falta uno?"

"Comenzaré a escribir un nuevo libro... ya te contaré."

"¡Pasajeros con destino a la Ciudad de México, favor de abordar su vuelo 444!"

Encaminando a Esther, tomé sus maletas y junto a los suyos emprendieron a disfrutar de ese viaje que se había postergado por muchos años... Mientras que las sonrisas de su familia, que han sido su gran tesoro, dejaban eco en la sala de espera.

*"Todo es posible, lo imposible déjalo en manos de Dios que Él te responderá, deja de hacer lo **ORDINARIO** para obtener resultados **EXTRAORDINARIOS**".*

Dalia Ramírez.

Capítulo VI: El equipaje de tu viaje

Capítulo VI

EL EQUIPAJE DE TU VIAJE

ELEMENTOS NECESARIOS PARA DISFRUTAR LA VIDA

Durante el viaje de nuestra vida, vamos llenando nuestra maleta de recuerdos, valores, vivencias, olores, personas, amores y cuando nos damos cuenta, cargamos un peso innecesario, difícil de llevar. Parte del equipaje pesa tanto que es imposible continuar; cuando esto pasa, es momento de revisar minuciosamente lo que no sirve y comenzar a desecharlo. Viajar ligero te ayudará a ver las cosas con claridad y vivir una vida plena y significativa.

En este capítulo, te invito a dar un recorrido por las características principales de los protagonistas de estos relatos porque sé que con alguno de ellos te has identificado. Y en donde los valores fundamentales de la vida han coincidido, dando constancia de que estos son los que ayudan a construir y fortalecer nuestro mundo.

Todos sucumbieron en un punto de su vida, en donde buscaron al mismo personaje de donde tomaron fuerza y valor, "Dios". Esa luz en medio de la oscuridad que te lleva a alcanzar la resiliencia, echando mano de ese coraje que nos hace enfrentar nuestros miedos, las adversidades, y convertirlas en oportunidades de crecimiento, en donde rendirse no es opción, derribando cualquier obstáculo, sin importar cuán difícil sea el camino que debas recorrer. Dios es amor en su máxima expresión.

Algunos de los personajes de este libro viven, algunos otros se quedaron en el viaje y se encuentran en la eternidad, desde donde estoy segura que disfrutan de las líneas que dediqué para ellos, buscando que sus historias sirvan de inspiración para quienes decidan navegar en ellas.

Comenzamos por Patricia Rodríguez, quien vivió un amor de juventud, de esos que revientan el pecho con tal intensidad que te hacen fabricar una vida de ensueño junto a quien prometes amar por siempre, con quien deseabas tener una familia en donde los hijos llegaron con tanto amor que inundaban el hogar de sonrisas y alegría.

Pero cuando los fantasmas del pasado se instalan para quedarse en la vida de una persona, y no hay disposición al cambio, todo se derrumba. La violencia no puede ser pasada por alto, estropea la dignidad de todo ser vivo, pisotea el amor y acaba por lastimar a personas inocentes y atormentar por siempre la vida de quien la provoca.

Revisa este análisis y grábalo en tu mente y corazón.

La fortaleza y la decisión de Patricia lograron rescatarla de una vida de riesgo. Enfrentar los miedos puso a salvo su vida y la de sus hijos. Aferrarse a una relación donde se rebasa el respeto es permitir una dependencia enfermiza. El temor no puede ser parte de la convivencia de una pareja, en donde se vive acompañado, pero en soledad.

El valor y tenacidad de Patricia al terminar con un círculo de opresión y persistir en la búsqueda de un camino de provisión con perseverancia y diligencia le fue difícil porque resultó agotador; sin embargo, no hay camino que no pueda ser andado, a paso lento o corriendo, de rodillas o arrastrándote, pero llegarás, y el buscar una nueva oportunidad en el amor es válido, si así lo deseas.

La fe y la oración de Patricia fueron piezas clave para sortear las dificultades, de esas que llegan de pronto. Pero de igual forma, con estas herramientas, logró ahuyentarlas.

El compromiso y la responsabilidad de Patricia fueron significativos para su crecimiento y el de sus hijos. El hoy es el momento importante. Aferrarte a vivirlo con intensidad y calidad es algo de lo que jamás te vas a arrepentir. Un día a la vez construye mañanas inolvidables.

El amor de Patricia no se contabilizó ni tuvo precio. Se dio gratuitamente, a su familia, en su empleo, entre sus amigos y semejantes. Amar con intensidad es la mejor inversión que puedes hacer, porque seguramente recibirás lo que das.

Si hablamos de Eduardo Castellanos Junior, tendríamos que destacar esos momentos en donde la vida te sorprende con confusiones que marcarán tu futuro y que sirvieron para procesar a un hombre que jamás pensó podría enfrentar el escrutinio, la pérdida familiar y la crueldad de las leyes.

Aunque el proceso dolió, esculpió a un hombre de acero con las garras de un león y la visión de un lince, dejando intacto el corazón sensible que logró vencer la adversidad y recuperar todo lo que le fue arrebatado. Podría mencionar a más de uno que vive o vivió en un mundo parecido a este. La buena noticia es que sí es posible resarcirse, aun cuando crees que todo está perdido.

El carácter de Eduardo fue moldeado a prueba de todo. La frustración, el encierro lo hizo recio y objetivo.

La disciplina de Eduardo detrás de las rejas, en donde se ejercitaba hasta que sus músculos parecían reventar y en donde sacaba su furia, lo aplica hoy a su área de trabajo, dejándole exitosos resultados.

La fe y la oración de Eduardo lo llevaron a un mundo desconocido, en donde todo se comienza en medio de la debilidad, porque es ahí donde Dios se engrandece, en donde las respuestas no llegan, y su obra no se ve, pero se cree. En donde los gritos de auxilio se van en una sola dirección y traspasan los cielos, manifestándose en milagros.

El esfuerzo y perseverancia de Eduardo le ha permitido emprender una empresa exitosa que da empleo a decenas de personas, además de construir cientos de casas, realizando con esto el sueño de múltiples familias.

El amor de Eduardo por los suyos nunca estuvo en juego. Luchó hasta el último respiro por ellos, recuperándolos y sirviendo de combustible para su desarrollo empresarial.

El relato de una familia inmigrante en los Estados Unidos, como la del señor Abel y la señora Martha, es una prueba más de que el arduo trabajo, incluso fuera del lugar donde naciste, siempre trae cosechas grandes. Desde jóvenes, fueron privilegiados, el mensaje de lo que sería su vida en común y que provenía de esa voz suave y firme de Dios, les dio dirección. No obstante, les advirtió sobre la trágica pérdida de su hija. La voz de Dios puede ser escuchada por todos, pero pocos persiguen ese momento con frecuencia, alimentándose de esa fuerza que se encuentra en tal conexión.

La humildad y obediencia de Abel lo hacían desencadenar éxito tras éxito, y esta combinación vence hasta al más fuerte. Sin embargo, estas cualidades provocan la ira de los soberbios y ambiciosos.

La visión y persistencia de Abel fueron las llaves que le abrieron las puertas hacia nuevas formas de vida y desarrollo productivo.

La generosidad de Abel ha multiplicado sus empresas y bienes. Es ley de vida, "Cada uno dé como propuso en su corazón; no con tristeza, ni por necedad, porque Dios ama al dador alegre" (2 Corintios 9:7-9 Reina-Valera).

La preparación de Abel fue fundamental para su universo empresarial, innovando siempre sobre el producto que fabrican.

El amor de Abel y Martha por su familia son claves en la fortaleza que los mantiene en pie y en la solidez de sus negocios. "La unión siempre hace la fuerza."

Capítulo VI: El equipaje de tu viaje

COVID-19, "El asesino silencioso", se ha convertido en uno de los acontecimientos históricos y trascendentales que el correr de los años me ha permitido presenciar. A su paso, dejó miedo, llanto y el arrebato sorpresivo de la vida de miles de personas, dejando huellas en la salud física y mental de millones de sobrevivientes.

La pérdida del amigo entrañable, Raúl Flores, quien por más de treinta años se dedicó a llevar a hombres de negocios a los pies de Jesús a través de la "Fraternidad de los hombres más felices de la tierra", fue acorralado por este virus. Sin embargo, con fe, se mantuvo luchando por su vida, pese a su avanzada diabetes que consumía su cuerpo. Valiente enfrentó hasta su último momento.

Con palabras textuales que aún guardo en los mensajes de texto, gritaba: "Aunque me asfixies y el corazón me quiera reventar, le grito a la muerte que se vaya". Ya en el último aliento me dijo: "Amiga, prefiero irme, pero no sin antes decirles que los amo".

Recuperándose de las ausencias. A Raúl le sobreviven su viuda Antonieta, amiga del alma, y sus dos hijos, Raúl y Carlos Flores. Jóvenes entusiastas que conservan en el cofre de sus recuerdos el amor y cada uno de los consejos de su padre. Como seguramente lo hacen millones de personas que fueron flageladas por este dolor sin poder darles el beso del adiós.

Estoy segura de que ellos, desde el cielo, leerán con agrado estas páginas.

El encierro fue una de sus armas. Ahí, en el confinamiento, se encargó de desafiar a las personas, dejándolas en el desespero y la angustia, con la inmensa necesidad de un abrazo y ensañándose con la añoranza de reunirnos con las personas que amamos.

No postergar los sueños fue una de las enseñanzas de la pandemia. Nos recordó el privilegio de ver el amanecer, de recobrar los días perdidos y confirmar que tenemos cuerpo, alma y espíritu, y que debemos alimentarlos y fortalecerlos a diario. Nos dejó en claro que tenemos un propósito y lo encontrarás a partir de la introspección, porque es ahí donde están las respuestas a nuestros cuestionamientos.

El COVID-19 nos sensibilizó como nunca antes. El mundo entero cambió. De hecho, nos acercó más a la fuente de energía y amor, Dios.

Quienes no podíamos resguardarnos como la mayoría de las personas por nuestro empleo, nos permitió ver cara a cara la muerte y saber que todos somos vulnerables a ella, pero debíamos estar al frente de la batalla. Hoy honró la labor del sector salud, colegas periodistas, autoridades de la ley y todas las personas que, gracias a sus esfuerzos, pudimos sobrevivir a este desalmado virus. Esta experiencia se ha quedado en la memoria de todos como un tatuaje imposible de borrar.

Y mucho que decir de Esther, una madre a quien el amor por sus hijos, su profesión y su solidaridad con la comunidad la llevó a crear un proyecto de vida. Su emprendimiento la hizo rebasar las fronteras del miedo. Su compromiso y responsabilidad le permitieron sacar ese mundo de ideas y volverlas tangibles, abrazando y compartiéndolo con quienes sentía eran ya parte de su familia.

Capítulo VI: El equipaje de tu viaje

Esther, como cualquier ser humano, era dotada de cualidades y talentos, pero también defectos con los que luchaba a diario. Con actitudes a veces duras, otras veces demasiado noble, otras más dispersa en mil asignaciones, pero rica en afecto. Aunque su solvencia económica no era desahogada, a diario buscaba su estabilidad. Sus valores no tenían precio.

Con agravio le arrebataron lo poco o mucho que su empeño y trabajo le habían dejado. La despojaron de todo, pero de su cabeza no, su corazón quedó adolorido pero intacto. Perdonó y decidió no pelear con puños cerrados ni dientes apretados, refugiándose en su Dios a quien pidió que restaurara y la redirigiera junto a sus hijos, para ser un testimonio de sus bondades.

El amor de Esther se tradujo en perdón y entrega constante. Todo ser que dice amar no arrebata, no agravia, no despoja, no atropella, no se burla, no se trata con prepotencia a quien guarda silencio y se mantiene con los brazos abajo.

La resistencia y persistencia de Esther fue clave en el sobrevivir a las tormentas. El redoblar esfuerzos en los tiempos difíciles es para valientes.

El exceso de confianza de Esther le permitió los golpes bajos, esos ganchos al hígado que sacan el aire y sacuden el corazón. Pero cuando has descubierto que tienes alma y espíritu, levantas la cabeza, sacudes las rodillas, volteas hacia el cielo y continuas tu andar mientras las manecillas del reloj siguen y en su marcha sanan las heridas.

Las decisiones de Esther tomaron algún tiempo, quizás el suficiente para tapar cada uno de los huecos que su demora había causado y junto a sus hijos resarcir el recuento de los daños. Porque no todos se adjudican las pérdidas, solo las ganancias. Y en la fotografía de la victoria, hasta el más perezoso quiere aparecer, pero en las derrotas, solo verás a los valientes ser los protagonistas.

La fe y la oración de Esther han logrado que pueda ver lo que es difícil, escuchar lo que algunos no escuchan, sentir lo que para muchos es casi imperceptible. Haciéndola gozar ahora incluso de los momentos más insignificantes. Dios se ha convertido en su necesidad, y todo se lo debe a Él, según sus palabras.

Como no dar gracias a cada uno de ellos por llevarme a dar un recorrido por los momentos que los formaron, que los procesaron.

Quien ha perdido un hijo sabe que es una ausencia que jamás se puede olvidar. El esfuerzo y dedicación de Abel, demostrando una y otra vez que la fuerza no viene del exterior, sino de sus mismas entrañas. Dios multiplica al generoso de corazón, al que con dignidad va a pelear sus batallas de cara al sol con las palmas al cielo.

Y qué decir del dolor de un padre al ser encarcelado injustamente. La entereza con que Eduardo peleó su propia batalla mental no es tarea de cobardes, sino de guerreros dispuestos a ganar.

El círculo de violentos actos contra Patricia, la impotencia, el miedo, el dolor de ver a tus hijos en riesgo, cómo no sentirlo. Si yo soy madre y abuela, el verla a los ojos me pude ver en sus decisiones.

Y si hay que hablar de las mujeres de hoy, el empoderamiento en medio de un mundo tan cambiante que cada vez exige más, en donde los valores se van escaseando para quienes nunca los tuvieron y la bondad se disfraza de interés mezquino. Cómo no identificarme con ella, si soy una mujer en busca del crecimiento constante, del empoderamiento y del bienestar común.

Lo que no podemos pasar por alto es que todos los personajes convergen en la búsqueda y el conocimiento de Dios, convirtiéndolo en quien dirige sus pasos. Encontrando en sus pies el descanso, consuelo y fuerza. La fe y la oración lo han convertido en sus mejores aliados.

¿Cómo no identificarme con ellos y con ellas si he llorado, si he sido algunas veces violentada, he sido también ultrajada, traicionada, burlada, humillada, he temido por mi vida, he dudado de mí, he dudado de algunos que se dijeron tenerme aprecio, Me he sentido tan cansada de nadar contra las olas grandes, si he tragado tierra cuando, hincada, rogué a Dios misericordia, si me he visto en el brillo de los ojos de Patricia y Esther, si he sentido el dolor de sus heridas, y sentido mi corazón latir al unísono de ellas, les he abrazado, he reído y vivido en ellas, porque ellas soy yo, Dalia Ramírez. Ahora puedo decir que mis vivencias son tan cercanas a las de muchas mujeres que necesitan un bálsamo en sus vidas, un refrigerio en sus corazones, una palabra de aliento y que segura estoy que, al leer este libro, podrán confirmar como yo, que nuestro Dios te regala la esperanza y la libertad. Me ha permitido tener una familia invaluable, me ha devuelto la vida, la paz y la victoria. Me ha enseñado a amar, a perdonar y agradecer cada amanecer. Soy irremediablemente feliz, como lo serás tú a partir de hoy. Eres lo que crees.

EJERCICIOS CONCILIATORIOS

Los seres humanos somos únicos, llenos de luz y energía. Ninguna persona nace siendo malo; merecemos vivir una vida con respeto y dignidad. Recuerda que Dios y el Universo conspiran a tu favor y tú tienes el poder de elegir y tomar esa decisión. Si deseas salir de las penumbras conciliemos con el amor desde el corazón de una forma consciente y repetitiva de tal forma que no haya cabida para nada más. Es momento de crear actos conciliatorios a partir de un reconocimiento honesto de nuestra vida.

Los cambios vendrán paulatinamente, conforme a tu esfuerzo, compromiso y constancia.

Te invito a escribir en las próximas líneas cada uno de los puntos que NO te gustan de lo que estás viviendo; después, escribirás lo que deseas cambiar de tu situación actual; posterior a esto, definimos a través de qué o cómo lo harás, terminando con una promesa a realizar por los próximos 21 días.

EXPLORACIÓN DE MI ACTUAL SITUACIÓN

¿CÓMO me siento con la dinámica de mi vida?

....
....
....
....

Capítulo VI: El equipaje de tu viaje

....
....
....
....
....
....
....

Contexto:

¿QUÉ ES LO QUE NO QUIERO en mi diario vivir, en términos concretos, por ejemplo, relaciones interpersonales, trabajo, alimentación, etc.?

....
....
....
....
....
....
....
....
....

No quiero continuar con:

....
....
....
....
....
....
....

¿QUÉ ES LO QUE SÍ QUIERO en mi día a día, en términos simples y definidos?

....
....
....
....
....
....
....
....
....

Capítulo VI: El equipaje de tu viaje

Sí quiero hacer:

....
....
....
....
....
....
....
....
....

¿CÓMO haré esos cambios?

....
....
....
....
....
....
....
....

Metas por cumplir a CORTO PLAZO (por semana)

....
....
....
....
....
....
....
....
....

Metas a MEDIANO PLAZO (por mes)

....
....
....
....
....
....
....
....

Capítulo VI: El equipaje de tu viaje

Metas a LARGO PLAZO (PRÓXIMOS AÑOS)

....
....
....
....
....
....
....
....

PROMESA PARA LOS PRÓXIMOS 21 DÍAS

....
....
....
....
....
....
....
....
....

Que tu historia sea tu victoria

SOBRE LA AUTORA

Dalia Patricia Ramírez, es de nacionalidad mexico-americana, Licenciada en Ciencias de la Comunicación.

Cuenta con más de veintisiete años en el mundo de los medios de comunicación, reconocida como destacada Periodista, Productora y Conductora de noticias en la cadena Entravision.

Fungió como Coordinadora del Enlace comunitario en el Departamento del Alguacil del Condado de Hidalgo en el Estado de Texas.

Colaboró en la creación de programas y proyectos especiales que ayudaron en la reducción del crimen en áreas con alto índice de delincuencia, logrando excelentes resultados.

Fundadora y Directora de programas televisivos de corte comunitario independientes, transmitidos por cuatro cadenas de televisión, como Univisión, Telemundo, Televisa y ABC Channel 5.2.

Dedicada al área de la mercadotecnia y publicidad comercial por varios años

Ex-Vicepresidente de Damas de la Cámara de Comercio Internacional.

Ex-titular del comité de Comunicación Social del Centro Cultural Mexicano en el Valle del Sur de Texas.

Certificada como Celebrity Speaker por la Asociación Internacional de Conferencistas Hispanos.

Miembro del grupo de Oradores Célebres.

Certificada como intercesora por "Hadasa International Ministry inc".

Perteneció a la Fraternidad Internacional de Hombres y Mujeres de Negocios del evangelio Completo "Fihnec".

Fue galardonada por su labor social en el 2018 por la Asociación de Trabajadores Sociales en los Estados Unidos NASW.

Nominada para al premio de Legacy Awards por Editorial Revive en el 2023 por su trayectoria periodística y servicio comunitario.

Dalia Ramírez es conferencista, experta en comunicación. En el mundo de las noticias marca su sello proyectando la visión real de las necesidades de nuestra comunidad.

Su labor detrás del micrófono muestra la noticia desde una perspectiva humana, apoyando con soluciones ante los problemas que a diario cubre como responsabilidad permanente.

Su participación continua en el mundo de la comunicación le ha permitido apoyar a organizaciones, líderes comunitarios y mujeres emprendedoras. Imparte cursos, talleres y conferencias inclinadas a optimizar el ambiente de trabajo.

Ofrece instrucción a quienes buscan mejorar su forma de entablar entrevistas y conversaciones. Además, imparte charlas y simposios creando conciencia sobre la importancia del papel de la mujer, motivando en ellas el desarrollo de proyectos de vida, con el afán de un progreso continuo.

Made in the USA
Columbia, SC
21 February 2025